성결의 아름다움

지은이　베인즈 에트킨슨
옮긴이　홍성국

도서출판 세복

세계복음화문제연구소
(The World Evangelization Research Center)는
한국 교회가 세계 복음화를 위하여
한 모퉁이를 담당해야 된다는 사명으로
사역하고 있습니다.

주 소: 서울시 중랑구 면목5동 149-6 한밀빌딩 301호
전 화: 02)2209-5822   팩 스: 02)2209-7288

성결의 아름다움

지 은 이   베인즈 에트킨슨
옮 긴 이   홍성국
발 행 인   홍성철
초판1쇄   1999년 5월 20일
발 행 처   도서출판 세복
주   소   서울특별시 중랑구 면목5동 149-6 한밀빌딩 301호
             T. (02) 2209-5822   F. (02) 2209-7288
등록번호   제1-1800호 (1994년 10월 29일)
총 판 처   예영커뮤니케이션
             T. (02) 830-8566, F. (02) 830-8567
I S B N   89-86424-32-0

값 5,500원

ⓒ 도서출판 세 복   ▪ 잘못 만들어진 책은 언제든지 교환해 드립니다.

THE BEAUTY OF HOLINESS

by

J. Baines Atkinson

The Epworth Press
London, England

성결의 아름다움

성결의 아름다움 속에서 주님께 경배하라 (시 29:2)

역자 서문

『성결의 아름다움』이라는 책의 이름을 오래 전 신학교 다닐 때에 소개 받은 적이 있다. 그 이래로 이 책을 어떻게 구할까 궁리하던 끝에 미국 애스베리신학교에서 마침내 구할 수 있게 되었다. 벌써 20년이 다 되어 간다. 쫓기던 가운데 장서에만 꽂혀 있다가 몇 년 전에 성결과 관련된 논문을 쓰기 위해 한 번 읽어 본 적이 있다. 내용이 너무 좋기에 꼭 이 책이 우리 글로 옮겨졌으면 하는 바람이 있었다. 그러나 여러 가지 여건이 여의치 못하여 마음에만 품고 있었는데 작년에 도서출판 세복에서 번역 의뢰가 왔다. 보통 때 같으면 벌써 번역이 완료되어 이미 출판되었을 것이나 이 책을 번역하는 동안 너무나 많은 일들이 생겨나서 지연될 수 밖에 없었다. 마침내 탈고하고 교정까지 끝내고 이 역자 서문을 쓰게 되어 무척이나 기쁘다. 하루 빨리 출판되어 많은 사람들에게 읽혀지게 되기를 바라는 마음 그지없다.

이 책의 주제인 성결 혹은 거룩은 본래 하나님과 예수님의 속성 중 하나로 우리 모든 성도들에게 파급될 수 있으며, 그것으로 덧입은 성도들은 가장 아름답고 고귀한 복을 누릴 수 있다. 그리고 그러한 복을 믿음으로 지금 우리의 것으로 삼을 수 있다. 이와 같은 주제를 가지고 저자 베인즈 에트킨슨(J. Baines Atkinson)은 성결한 삶의 의미에 대하여 여러 각도로 진술하고 있다. 그는 철저하게 웨슬리의 입장을 지지하면서 성경적 뒷받침과 웨슬리의 여러 작품으로부터 뒷받침을 받아 성결에 관련된 거의 모든 부분을 형이상학적이 아닌 평이한 문체로 그리고 경험적으로 기술하였다. 그러므로 이 책을 접하는 모든 독자들은 성결이라는 성경적 진리의 핵심에 직면하게 될 것이다. 그리고 마음의 감동과 함께 성결에 대하여 깊이 사고하기 시작할 것이다. 그리고 마침내 각자를 향하여 성결해야 한다는 하나님의 부르심과 믿음으로 지금 그것이 나의 체험이 될 수 있다는 놀라운 약속과 접하게 될 것이다.

오늘처럼 한국 교회의 각 곳에서 성결한 삶에 대한 요구가 외쳐지는 때는 없었을 것이다. 그러한 시점에 이 책이 우리 글로 번역되어 출판된다는 것은 정말로 놀라운 하나님의 타이밍이 아닐 수가 없다. 이 책이 한국 교회의 모든 성도들, 목회자들, 신학도들, 신학 교육가들, 그리고 모든 하나님의 부르심을 받은 일꾼들에게 널리 읽혀지기를 바란다. 이 책이 그렇게 널리 읽혀짐으로 한국 교회의 모든 부분에서 진정 새롭게 변화되는 계기와 부흥의 불길을 지피는 작은 불꽃이 되기를 바란다. 요즘처럼 어려운 중에도 개의치 않고 이 책의 가치를 높이 평가하여 출판하기로 결정한 도서출판 세복의 결단에 진정한 감사를 드린다.

끝으로 이 책을 접하는 독자들에게 주지시키기를 원하는 몇 가지 점을 밝히기를 원한다. 첫째, 이 책은 신학적으로 민감한 부분들을 함축적인 용어로 많이 표현하고 있으므로 가능한 한 원문에 충실하려고 하였다. 그러나 간혹 그것이 어렵거나 또는 역자가 필요하다고 느낄 때는 이해를 돕기 위하여 풀어서 번역하였다. 둘째, 이 책의 가장 중요한 어휘인 'holiness'를 번역할 때는 경우에 따라서 '거룩' 또는 '성결'이라고 번역하였는데, 그것은 어떤 신학적인 편견에 의한 것이기보다는 역자의 판단에 따라 적절한 표현이라고 생각되는 주관적 견해에 의한 것이라는 점을 밝혀 둔다. 셋째, 이 책에 나오는 책명은 일일이 우리 글로 번역되었는지의 여부를 확인할 수가 없었기에 임의로 원명을 우리 글로 그대로 옮겨 놓았다. 넷째, 이 책

에서는 상당히 많은 부분이 찬송가의 가사를 인용하고 있는데 가능한 우리
글로 옮겨진 찬송가는 그대로 옮겼다. 그러나 대부분 우리 찬송가에는 없
어서 역자가 원문을 직접 한글로 옮긴 것이므로 시적인 운치가 없는 경우
가 많으리라고 생각하나, 그것은 역자가 영시에 대한 전문성이 없기 때문
이다. 다섯째, 웨슬리의 글에는 여러 종류가 있는데 이 책에서 *Letters*라
고 표기한 것은 모두 그가 쓴 편지를 뜻한다.

역자 홍 성 국

서　문

　　지나간 몇 년 동안에 성결에 대한 주제로 아주 중요한 책이 꾀 많이 쓰여졌다. 그러나 나는 이 책이 다른 모든 책들과는 다른 점을 알고 있다. 그리고 감리교인들이 그 교리에 대하여 특별히 강조하고 있는 이유를 이해하고 있는 모든 이들의 장서에 이 책이 한 자리를 차지해야만 한다고 나는 생각한다.

　　이 책은 경험적인 관점에서 쓰여진 것이기 때문에 중요하다. 이것은 성결에 대한 연구에 평생을 바쳐온 한 사람의 마음으로부터 나온 것이다. 머리로는 사물을 확증하지만 마음으로는 그것을 안다. 이 책은 바로 마음으로 아는 사실을 드러내고 있다.

　　베인즈 에트킨슨 목사를 잘 아는 모든 사람들은 그가 이 십 년 동안 사우스포트 연회(Southport Convention)와 긴밀한 관계를 가지고 있었으며, 14년 간은 그 연회의 회장직을 맡았던 사람으로 기억할 것이다. 그러므로 그의 저술은 참다운 의미에서 감리교의 견해를 대변한다고 보아도 무방하다.

　　여러 해 동안 에트킨슨은 클립대학(Cliff College)에서 성결에 대한 주제로 학생들을 가르쳤으며, 이 책은 그의 가르침의 근간을 이루고 있다. 이 모든 것 외에 그는 같은 주제로 여러 순회 목회지에서 지속적으로 설교하였다. 또한 그는 그 같은 주제가 자신이 사역한 사람들로 하여금 일상적인 삶을 영위하게 하는데 있어서 유효한 주제임을 발견하였다. 에트킨슨을 잘 아는 사람들은 그가 쓴 모든 것은 그가 자신의 삶을 통해 사람들에게 입증한 것들을 글로 옮겨 놓은 것이라는 점을 잘 알고 있다. 클립대학의 학생들이 그를 사랑했고, 그의 동료들은 그를 명예롭게 그리고 애정을 가지고 대했다. 그리고 그에게 양육받은 모든 순회 목회지의 성도들은 그의 사역이 아주 고귀하고 거룩한 것으로 기억하고 있다.

　많은 사람들이 성령의 조명 하에서 이 책 속에 담겨 있는 위대한 영적 진리를 깨닫고 고마워 할 한 권의 책임을 발견하게 될 것이다.

클립대학 학장
제이 이 이글스(J. E. Eagles)
1953년 1월

1

서론—정상에 오를 수 있다

주후 1936년에 에베레스트산의 정상을 정복하려는 여러 시도가 있었다. 그러나 그러한 대 탐험이 실패로 끝나고 말았다. 그 이전에 그 같은 시도가 이미 여섯 차례나 있었지만 모두 실패로 끝났다. 1936년 그 탐험을 주도한 휴 러트리지(Hugh Rutledge)는 정상 정복에 실패한 후 과연 그 정상은 정복될 수 있는가 하고 질문하면서, "의견을 낼 수 있는 모든 사람들은 내가 그렇다고 대답할 때 나를 지지할 것이라고 생각한다"라고 말하였다. 큰 대가를 치르면서 번번이 실패했음에도 불구하고 등반객들의 판정은 그 정상은 정복될 수 있다는 것이다. 그러기에 어떤 사람들은 그 도전에 대하여 전율을 느끼면서 도전하고 있는 것이다. 그와 같은 것은 삶의 모든 영역에서 사람들이 느끼고 있는 전형적인 느낌이다. 인간의 심성은 모험적인 것에 잘 맞추어져 있다.

사람들이 성결의 고지에 직면하고 그것을 오르려고 할 때 보다 더 매력을 주는 것은 아무 것도 없다. 이것이야말로 인간의 영성을 위하여 올라가야 할 *가장 뛰어나며* 가장 높은 정상이다. 정상에 오르면 모든 것이 아름답게 보인다. "마음이 청결한 자는 복이 있나니 저희가 하나님을 볼 것이요"라는 예수님의 말씀에 근거하여 우리는 그 길이 비록 어렵고 길다 해도 그 정상은 정복될 수 있다는 점을 알기 때문에 매진할 수 있다. 에베레스트 등반에 대하여 말하면서 휴 러틀리지는 다음과 같이 말하였다: "단지 신체적으로 건강하다고 해서 그 곳을 정복하지는 못한다. 그러한 사람 중 어느 누구도 에베레스트에게 속한 사람이 아니기 때문이라고 나는 생각한다. 진짜 어려움이 올 때, 그의 습성은 그를 전진하지 못하게 만들 것이다. 반면 이상을 가진 사람들은 신체적인 것을 능가하는 성령의 능력의 도움으로 앞으로 전진할 것이다." 그러한 원리는 사람이 오를 지고(至高)의 정상인 성결의 문제에 부딪치게 될 때에도 적용된다. 더욱이 지식적 흥미만으로는 충분하지 못하다. 왜냐하면 그것은 영혼의 철저한 헌신이 요구되기 때문이다.

선지자 이사야는 성결을 "대로"(大路)라고 부른다. 그는 "거기 대로가 있어 그 길을 거룩한 길이라 일컫는 바 되리니"라고 말하고 있다(사 35:8). 성결에 대하여 그보다 더 적절한 표현은 없을 것이다. 성결은 사람들이 지나가야 할 대로이다. 그것은 우회할 길도, 막다른 길도, 또는 지하도도 아닌 고속도로이다. 그것은 하나님이 사람들에게 주신 정상적인 것이고 그 외의 다른 것은 모두 비정상적인 것이다. 그것은 세상의 창조, 율법의 수여, 예언의 기원, 하나님의 아들의 성육신, 기독교의 시작, 그리고 새 예루살렘의 도래 등과 같은 성경의 위대한 주장 중에서 가장 두드러지게 부각되기도 한다. 어떤 면에서는 영지주의, 몬타니즘, 수도원 운동, 펠라기우스주의, 도나티즘, 그리고 그 외의 초기 기독교의 운동들의 배경이 되는 것도 성결에 대한 메시지라고 할 수 있다. 종교 개혁이 지나고 현대로 접어들면서 성결의 참 뜻이 개신교 내에서 적절하게 표현되는 방안에 대하여 혼선이 있어 왔다.

지나간 세대에 있어서 가장 뛰어난 신학자 중의 하나인 포사이스(P. T. Forsyth)는 이렇게 말했다; "우리 기독교 신학의 모든 것은 하나님의 거룩으로 시작하고 마친다. 그 주장은 현재의 종교적 사고의 주체가 되어야 할 것이다. 지나간 2, 3 세대에 걸쳐서 기독교인들은 우리를 향한 하나님의 사랑을 토대로 하여 그 삶을 영위하여 왔고, 더 나아가 가장 두드러지게 발전된 것도 역시 하나님의 사랑과 관련된 것이다. 그리고 그 같은 사랑은 모든 사람이 마땅히 깊이 인지해야 할 것으로 여겨져 왔다. 공의에 대한 것은 그렇지 못하였다. 그러나 이제 우리는 한 발 더 나아가 과거에 사람들을 하나님의 사랑에 대한 생각으로 가득 채운 것처럼 앞으로 올 세대들을 하나님의 거룩에 대한 생각으로 가득 채워야 할 것이다."[1] 이것은 40년 전에 쓰여진 말이지만, 그 후 그러한 발걸음이 내디뎌진 흔적은 거의 보이지 않는다.

현대의 위대한 기독교 역사가인 라투렛(K. S. Latourette)은 19세기의 개신교는 양적으로 많이 성장하였지만 20세기에 와서 그 성장은 주춤하고 있음을 지적해 주고 있다. 과거 40년 혹은 50년을 뒤돌아 볼 수 있는 사람들도 그와 같은 느낌을 가질 것이다. 개신교 정신은 현대의 삶에 충분하고도 결정적인 영향을 주고 있지 못하다. 왜 그러한 일이 일어나고 있는가? 한 가지 이유만은 아니겠지만 그 중의 하나는 당연히 깔려 있어야 할 성결의 대로가 신앙과 행위에 있어서 분명하게 깔려 있지 않았다는 것이다.

그런데 이 문제에 대한 관심이 우리 안에서 점증되고 있다는 사실은 고무적이다. 베일리(John Baillie)의 언급은 그러한 조류가 흐르고 있다는 사실을 잘 반영하고 있다. 그는 이렇게 말했다: "나 자신은 완전주의와 성결에 대한 전면적인 지지와 거부라는 양자 사이의 중간에 위치하고 있음을 발견하였다. 나는 이와 같은 중간적인 입장을 취하는 것이 나의 개인적인 삶 속에서 당면하는 것 중 가장 미묘하고 어렵다는 사실을 고백할 준비가 되어 있다."[2] 지나간 세기의 후반에 개신교의 영적 삶이 부흥되고 있다. 이 기간에 반복되어지고 있는 믿음의 바탕들이 있다. 1953년을 부흥의 해로 만들려고 하는 감리교회의 노력은 그러한 시대적 예표 중의 하나다.

---

1 『그리스도의 사역』(The Work of Christ), p. 78.
2 『순례로의 초대』(Invitation to Pilgrimage), p. 105.

그러한 노력은 "신자들로 하여금 지금 완전한 구원을 기대하도록 당신들이 애쓰지 않는다면 당신들은 어떠한 부흥도 기대해서는 안 된다"3)라는 감리교의 창시자의 말을 기억하게 한다. 금세기의 남아 있는 기간은 기회로 가득 차 있으며 개신교는 도전을 맞고 있다. 그리고 우리를 향한 첫 번째 부르심은 거룩의 대로 위에서 우리의 행보를 확실하게 취하라는 것이다.

성결의 메시지를 드높인다는 것은 훌륭한 그리스도인들 중 많은 사람들이 제기한 의심의 말들을 무관심하게 여겨도 된다는 것은 아니다. 어떤 사람들은 말 그대로 혐오감으로 가득 차 있다. 성경에서 가장 위대한 말 중의 하나인 이 말이 그토록 의심받고 있다는 것은 참으로 놀랄만한 일이다. 물론 이 말이 성경적인 의미를 떠나서, 성경 밖의 동양권에서 널리 쓰이고 있는 것도 사실이다. 그들은 의술과 여타의 종류에 속한 많은 사람들을 거룩한 사람으로 여기고 있다. 동양의 한 여행자와 안내자에 대한 이야기가 있다. 그 안내자는 어느 지점을 가리키면서 저 곳이 거룩한 사람이 사는 곳이라고 지적하였다. 그러자 여행자는 그 거룩한 사람이 무엇을 하였는가 하고 물었다. 안내자는 아주 놀라면서 그가 거룩한 사람이기 때문에 아무 것도 한 것이 없다고 대답하였다고 한다. 그 이야기는 일을 기피하는 것과 연결지으면서 거룩에 대하여 약간 빈정대는 투의 이야기다.

성경에서 말하는 거룩은 사람을 더 훌륭한 일꾼으로 만드는 것이지 이교도들이 말하는 것과 같은 그러한 의미는 아니다. 우리는 이교도들이 그 어휘에 대하여 잘 사용하였는가 아니면 오용하였는가에 대하여 지나치게 집착하려 하지 않고, 다만 기독교 안에서 그 어휘에 대한 반발에 대하여 관심을 가지려고 한다. 이와 같은 의심이 생기게 하는 이유는 여러 가지가 있다. 사우스포트 연회에서 사무엘 채드윅(Samuel Chadwick)이 강연

---

3 *Letters*, Ⅳ. 321.

할 때 어떤 사람이 일어나 밖으로 나갔다. 그 사람은 아주 유명한 오-드 모(Owd Mo)가 경영하고 있는 서점 앞을 지나면서 "이 사람은 그 곳에서 다시 강연할 기회를 주어서는 안 된다"고 말하자 그 주인은 "그가 당신에게 일격을 가했군요"라고 말하였다. 사실 거룩은 처음에는 사람들을 강타하기 때문에 사람들이 그것을 싫어하게 된다. 거룩은 그들의 모든 죄와 죄악성을 낱낱이 드러낼 것이다. 그러나 그것만이 유일한 이유는 아니다. 그리고 아마도 가장 주된 이유도 아닐 것이다. "*최상의 것에 의하여 부패된다면 그것은 모든 것 중에서 최악의 것이 된다*"는 라틴 속담이 있다. 종종 거룩에 대한 가르침은 그것을 가르치는 사람들에 의하여 왜곡되기도 한다. 존 웨슬리(John Wesley) 자신도 그 가르침에 대한 해학적인 발언들에 대하여 언급하곤 했다. 그는 이렇게 말했다: "그들은 과거에 그 교리를 사랑하고 존중하던 사람들도 *완전*이라는 이름을 혐오하게 만들었다."4) 그리고 그는 이어서 말했다: "*완전*의 상태를 세상 밖으로 몰아내는 아주 확실한 방법은 그것을 지나치게 높이 고양시키는 것이다."5)

자신들의 삶과 가르침을 이 교리로 치장하지 않는 사람들이 있지만, 몰리 경(Lord Morley)이 말하였듯이 거룩은 "명확한 의미가 요구되는 모든 어휘 중에서 가장 심오한 어휘"임에 틀림없다. 그리고 대단히 많은 그리스도인들이 이 교리야말로 성경의 여러 계시 중에서 가장 은혜롭고 위대한 것 중의 하나라는 점을 잘 알고 있다. 거룩이라는 어휘를 제쳐 놓고 성경의 모든 가르침을 표현하며, 또는 그것을 대치시킬 수 있을지 모르지만 그 어휘는 성경의 곳곳에서 튀어나올 것이다. 그러므로 우리는 우리의 삶 속에서 그것을 제거시키기보다는 오히려 더 친숙하게 만들어야 할 것이다. 우리가 사람들을 만날 때 늘 "안녕하십니까?"라고 인사를 한다. 그러나

4 Ibid., V. 38.
5 Ibid., p. 317.

"당신은 거룩합니까?"라고 인사의 말을 건네면 그 어휘는 우리에게 아주 친숙해 질 것이다. 영적 건강은 육체의 건강 못지 않게 아주 중요하기 때문이다.

거룩이 최우선적으로 하나님의 본성과 구속의 문제를 다루며 또한 교회사에서 나타나는 많은 문제들이 그것과 연관되어 있기 때문에, 그것과 관련하여 광범위한 영역에서 여러 가지 질문이 제기된다. 그러나 "내 양을 먹이라"는 주님의 명령을 생각하면서 이 문제에 대하여 깊이 명상해 볼 때, 이 책은 비판자들이나 지적인 호기심을 가진 사람들을 위하기보다는 성경에서 성결에 관한 성경의 언급들에 대하여 매력을 느끼는 신자들을 위한 글이다. 이 글은 오늘날의 신자들의 마음과 지성을 향하여 이 문제를 제시하고 그들로 하여금 질문하며 생각하게 할 것이다. 몰리 경이 우리에게 성결에 관한 심오한 개념을 정당하게 상기시켜 준 반면, 이사야 선지자는 그것의 간결성에 대하여 우리에게 상기시켜 주고 있다: "거기 대로가 있어 그 길은 거룩한 길이라 일컫는 바 되리니, 깨끗지 못한 자는 지나지 못하겠고 오직 구속함을 입은 자들을 위하여 있게 된 것이라. 우매한 자는 그 길을 범치 못할 것이라"(사 35:8). 사도 바울도 그리스도 안에 있는 성결의 간결성에 대하여 말하고 있다(고후 11:3). 만일 성결이 다수를 위한 메시지가 되려면 그것은 간결성을 가지고 있어야 한다. 그래야만 많은 사람들이 그것을 쉽게 받아들일 것이다. 그러므로 이 책에서는 "그 이야기를 어린 아이에게 하듯 간결하게 전해 주시오"라고 어느 찬송가에서 요청한 것처럼 가능한 쉽고 간결하게 성결에 대하여 제시하려고 한다.

2

하나님의 거룩

사람과 성결의 관련성에 대하여 성경에서 말하는 모든 것은 하나님의 거룩에 대한 계시 안에 그 근원이 있다. 이사야는 자신의 사역이 시작될 때에 하나님의 거룩에 대한 환상과 스랍들이 "거룩하다. 거룩하다. 거룩하다. 만군의 여호와여"라는 소리를 들었기 때문에 인간의 삶 속에 나타날 거룩한 대로가 있음을 확신하게 되었다. 성경은 "하나님이 자기 형상 곧 하나님의 형상대로 사람을 창조하시되"라고 기록하고 있다(창 1:27). 어떤 사람들은 이것을 역으로 사람이 자신의 형상대로 하나님을 만들었다고 주장한다. 이러한 경우는 사람이 먼저 사람들과 사물들에 대한 거룩의 개념을 가지고 있으면서 그것으로부터 하나님의 거룩에 대한 개념을 유출해 냈다는 주장이다.

이 주장에 따르면, 사물에 대한 우리들의 지식이 우선적이고 하나님에 대한 지식은 유추된 것임으로 이차적이 되며, 우리는 하나님이 만든 사물을 통해서만 하나님을 알게 된다는 것이다. 물론 어떤 사람들은 인간이 하나님을 발명해 냈다고 주장한다. 그러나 금세기의 가장 뛰어난 신학적 인식은 그와 같은 과정을 부인하며, 인간의 영혼은 하나님을 직접적이며, 우선적이며, 인접한 직관에 의해 안다고 주장한다. 그것은 하나님이 우리의 오관이나 어떤 논증의 결과로부터 유추된 분이 아니라 영혼이 하나님으로부터 유래한 즉각적이며 근원적인 직관에 의해서 하나님을 안다는 주장이다. 자신과 자연에 대한 사람들의 지식이 점증함으로 하나님에 대한 지식도 증가한 것은 사실이지만 사람들이 그 지식의 근원은 아니다. 그 지식은 주어진 것이다. 사람이 먼저 기름이나 양초로부터 빛을 만들어 낸 후 그것을 하나님의 속성에 갖다 맞춘 것이 아니고, "세상에 와서 각 사람에게 비취는 빛"으로써 하나님을 아는 근원적인 직관을 하나님이 사람에게 주신 것이다(요 1:9). 그것이 바로 성경의 견해다.

그러므로 데이빗슨(A. B. Davidson)은 이렇게 말한다: "히브리 사색가는 하나님에 대한 생각을 세상에 끌어들였지, 세상의 지식으로부터 하나님에 대한 생각을 끌어들이지 않았다. 그의 하나님에 대한 근원적인 개념은 그에게 세상이 무엇인지 설명해 준다."[1] 그와 같이 하나님의 거룩성에 대한 메시지는 이 세상의 그 무엇에서 끌어낸 것이 아니고 계시에 의하여 주어진 것이다. 즉 성경은 하나님이 거룩하다고 계시하고 있다. 그렇다면 그것은 무슨 의미인가? 우리는 하나님의 거룩의 특징에 대하여 네 가지 점을 논의할 것이며 그 중 특히 마지막 두 가지에 대하여 강조할 것이다.

첫 번째 하나님의 거룩의 요소는 위엄성(awesomeness)이다. 가장 근본적인 하나님의 속성을 거룩이라고 인식할 때, 거룩성은 하나님의 위엄성에 대한 인식이라는 점을 강조하고 있는 오토(Rudolf Otto)의 책 『거룩의 개념』(The Idea of the Holy)이 우리에게 큰 공헌을 하고 있다. 하나님의 본성은 우리에게 두려움과 경외심을 자아낸다. 우리는 그러한 사실이 벧엘에서 있었던 야곱의 경험 속에 나타나 있음을 알고 있다. "야곱이 잠이 깨어 가로되 여호와께서 과연 여기 계시거늘 내가 알지 못하였도다. 이에 두려워하여 가로되 두렵도다 이 곳이여, 다른 것이 아니라, 이는 하나님의 전이요, 이는 하늘의 문이로다"(창 28:16-17). 이와 같은 경험은 떨기나무 불꽃 중에서 모세를 부를 때에도, 또는 이사야의 환상 중에도

---

1 『구약 신학』(The Theology of the Old Testament), p. 32.

있었던 것이다: "모세가 하나님 뵙기를 두려워하여 얼굴을 가리우매"(출 3:6) ; "이 같이 창화하는 자의 소리로 인하여 문지방의 터가 요동하며 집에 연기가 충만하더라"(사 6:4). 에스겔의 경험도 역시 같은 것이었다: "내가 보고 곧 엎드리어 그 말씀하시는 자의 음성을 들으니라"(겔 1:28). "주의 손을 내게 대지 마옵시며, 주의 위엄으로 나를 두렵게 마옵실 것이니이다"라고 한 욥의 간청도 역시 그와 같은 경험의 표시이다(욥 13:21). 그러한 위엄에 휩싸인 시편 기자는 "땅이여 너는 주 앞 곧 야곱의 하나님 앞에서 떨지어다"라고 말하고 있다(시 114:7).

그러므로 하나님에 관한 우리의 지식은 오토가 말한 "신성한 것에 대한 의식"(numinous consciousness)에서 시작된다. 그 가운데서 우리는 하나님께서 거룩한 분으로 나타남을 경험하면서 놀라고 그 영상에 사로잡힌다. 이러한 현현은 우리로 하여금 깊은 감동을 갖게 한다. 그러한 감동은 신적인 것에 대한 두려움, 황홀한 교통, 격렬한 감정의 자극, 그리고 엄위하고 신비스러운 것에 대한 묵상 등과 같은 것으로 이어진다. 워즈워스(Wordsworth)는 그의 유명한 다음의 시에서 그러한 경험에 대하여 시적으로 아주 잘 표현하고 있다.

나는 느꼈네 어떤 임재를
기쁨으로 가득 차게 했네,
생각을 높은 곳에 두게 했네,
깊이 스며든 어떤 것보다 더
엄숙한 느낌을 갖게 하리로다.
그것은 사람의 마음 속에 깃든
떠오르는 태양 빛, 둥근 바다,
신선한 공기, 푸른 하늘이로다.
그것은 모든 사고하는 존재를
움직이는 힘이며 정신이네,

또한 모든 사고의 목적일세,
모든 것에 흘러 들어가리로다.

워즈워스의 이 시는 자칫하면 범신론적으로 기울어질 가능성이 있다. 파
버(Faber)는 그의 시에서 그 경험을 위에 것보다 더 잘 표현하고 있다.

오, 살아 계신 하나님,
참 애정과 심원한 두려움으로
당신을 경외합니다.
떨리는 희망과 회개하는 눈물로
당신을 경배합니다!

사람이 하나님의 거룩과 처음으로 대면한다는 것은 생각이나 논증으로 되
는 것이 아니라, 사로잡으며, 감동을 주며, 자기를 겸손케 하며, 전율하게
하며, 환희를 주며, 하나님의 찾아오심을 경험케 하는 것이다.

하나님의 거룩에 있어서 두 번째 요소는 위엄과 유사한 것으로 하나님
을 지고의 존귀와 장엄한 영광을 지니신 분으로 인식하는 것이다. 홍해를
건넌 후 "여호와여 신 중에 주와 같은 자 누구니이까. 주와 같이 거룩함에
영광스러우며 찬송할만한 위엄이 있으며 기이한 일을 행하는 자 누구니이
까"라고 부른 모세의 찬양의 노래는 이를 잘 반영하고 있다(출 15:11).
시편 기자는 "여호와께서 시온에서 광대하시고 모든 민족 위에 높으시도
다. 주의 크고 두려운 이름을 찬송할지어다. 그는 거룩하시도다"라고 읊고
있다(시 99:2-3). 이사야 선지서에서는 "거룩하신 자가 가라사대, 그런즉
너희가 나를 누구에게 비기며 나로 그와 동등이 되게 하겠느냐"하고 질문
하신다(사 40:25). 그리고 "그는 땅 위 궁창에 앉으시나니 땅의 거민들은
메뚜기 같으니라. 그가 하늘을 차일 같이 펴셨으며 거할 천막 같이 베푸셨

다"고 말하고 있다(사 40:22). 에스겔은 하나님의 존엄은 그의 거룩 속에 내재하고 있는 두드러진 요소라고 다음과 같이 가르치고 있다: "이와 같이 내가 여러 나라의 눈에 내 존대함과 내 거룩함을 나타내어 나를 알게 하리니 그들이 나를 여호와인줄 알리라"(겔 38:23). 아모스는 하나님의 거룩은 하나님의 이름 중 또 다른 이름이라고 다음과 같이 말한다: "주 여호와께서 자기의 거룩함을 가리켜 맹세하시되 때가 너희에게 임할지라"(암 4:2); "만군의 하나님 여호와께서 가라사대 주 여호와가 자기를 가리켜 맹세하였노라"(암 6:8). 시편 기자는 하나님을 향한 그들의 믿음의 열정을 다음과 같이 표현하고 있다: "하나님이여 위엄을 성소에서 나타내시나이다. 이스라엘의 하나님은 그 백성에게 힘과 능을 주시나니 하나님을 찬송할지어다"(시 68:35). 그처럼 하나님의 거룩은 피조물 위에 높아지신 분, 사람들의 모든 신들보다 뛰어나신 분, 모든 것으로부터 경배받을 것을 주장하시는 분, 그리고 그의 전능의 힘을 나타내시는 분으로서 하나님을 드러내는 어휘이다.

> 주 하나님은 왕이로다:
>   그 앞에 온 땅과 나라가 조아리세!
> 주는 보좌에 앉아 계시도다.
>   모든 스랍들이여 그를 경배하세,
>   그는 거룩하시도다;
>   전능하신 주를 송축하세!

성경에서 계시된 하나님의 거룩의 세 번째 요소는 도덕적 우월성과 윤리적 완전이다. 오늘날 평범한 사람들은 거룩의 본질에 대하여 도덕성이 가장 뛰어난 것 정도로 생각한다. 물론 성경에서는 거룩과 선을 아주 분명하게 연결짓고 있는 것도 사실이다. 예를 들면, 시편 기자는 "여호와여 주의 장막에 유할 자 누구 오며 주의 성산에 거할 자 누구오니이까"(시 15:1); "여호와의 산에 오를 자 누구며 그 거룩한 곳에 설 자가 누군고, 곧 손이 깨끗하며 마음이 청결하며 뜻을 허탄한 데 두지 아니하며 거짓 맹세치 아니하는 자로다"라고 말한다(시 24:3-4). 이 곳에서 성결은 의와 정결함 중에 드러나는 것으로 인식하고 있다. 하나님의 거룩에 대한 이사야의 환상은 그로 하여금 자신의 부정함을 깨닫게 해 주었고 그래서 그는 "화로다 나여 망하게 되었도다. 나는 입술이 부정한 사람이요, 입술이 부정한 백성 중에 거하면서 만군의 여호와이신 왕을 뵈었음이로다"라고 부르짖었다(사 6:5). 레위기에서도 의는 거룩의 개념 속에 함유되어 있는 요소임을 말하고 있다: "너희는 거룩하라. 여호와 너희 하나님이 거룩함이니라"(19:2).

그와 같은 명령이 있은 후에 거룩한 삶을 위해서 필요한 일들을 열거하고 있는데 그것들은 도적질하지 말며, 헛되이 맹세하지 말며, 이웃을 속이지 말며, 외인들에게 악행을 하지 말며, 올바른 저울추를 사용하며, 또한 이웃을 자신처럼 사랑하라는 것 등이다. 율법서에서 말하는 거룩은 모두 제식과 관련된 것만은 아니고 도덕적 요구도 가득 차 있다. 주 하나님은 거룩하시다. 하나님은 "나는 네 가운데 거하는 거룩한 자"이신 것이다(호 11:9). 하나님은 "이스라엘의 거룩한 자"이시다(사 12:6). 구약의 한 성도가 다음과 같이 귀중한 고백을 하고 있다: "우리의 구속자는 그 이름이 만군의 여호와 이스라엘의 거룩한 자시니라"(사 47:4). 이사야 선지자는 "…거룩하신 하나님은 의로우시므로 거룩하다함을 받으시리니"라고 말한다(사 5:16). 이 말에는 하나님의 거룩은 의로운 행위에 의해서 나타나며 또한 입증된다는 의미가 있다. 거룩한 분으로서의 하나님의 이러한 메시지는 기도 중에 예수께서 언급하신 "거룩한 아버지"(요 17:11) 라는 두 말씀에서 그 정점에 도달한다.

하나님의 거룩은 우리를 겸손케 하며, 하나님의 긍휼이라는 미명하에 비윤리적 과오를 허용하지 않는다. 하나님의 부성(父性)은 우리에게 친근감을 주며 하나님의 요구에 대하여 절망적으로 두려워하지 않게 한다. 하나님에 대한 최종적인 어휘는 사랑이 아니다. 그것은 거룩한 사랑이다. 사랑을 신성하게 만드는 것이 거룩이다. 『모펫 신약 주석』(Moffatt New Testament Commentaries)의 마지막 권에서 니일(William Neil)은 신약에서의 '사랑'에 대하여 "훌륭한 미국 표준역이 사랑을 '자애심'(charity) 정도로 취급하는 데에는 많은 논란이 있다"[2]고 하면서, "20세기의 영화들이나 뮤지컬 댄스 같은 곳에서 사랑에 관한 온전한 개념을 희석시키는" 위험성에 대하여 경고하고 있다. 하나님은 거룩과 사랑이시다. 그와 같은 정의가 무엇인지 우리는 정확히 말할 수 없다. 그러나 우리가 말할 수 있는 것은 의, 선, 사랑 그리고 긍휼 이상의 것이라는 점이다. 그것은 그 모든 것의 완전한 이상적 상태를 의미할 것이다.

사람들은 신약에서 정점을 이루고 있는 하나님의 거룩의 본질적인 요소가 정결, 즉 하나님의 본성의 도덕적이며 영적 완전이라는 점에 있다는 사실을 일반적으로 동의하고 있다. 그것이 가장 중요한 점이지만 그 다음으로 중요한 점에 대하여도 꼭 언급할 필요가 있다. 오토를 포함한 많은 학자들이 원래 성결에는 전혀 도덕적 요소가 없었는데 추후에 도덕적 요소가 추가되었다고 주장한다. 그러나 일차적으로 이사야의 글에 도덕적 개념이 성결의 개념 속에 결합되어 있음을 볼 수 있다고 사람들은 말한다. 이사야 전에는 성경에서 거룩이 하나님에 대한 것이든 아니면 사람과 관련된 것이든 어떻든지 간에 그것은 비도덕적인 어휘로 쓰여졌다고 한다.

이러한 견해는 받아들여질 수 없다. 초창기에는 도덕성의 요소가 거룩

---

2 데살로니가서, pp. 10-11.

에 있어서 지배적이 아니었다는 사실을 받아들인다 해도, 역시 그 안에는 도덕성의 요소가 배태되어 있었다는 점을 인정하지 않을 수 없다. 이 사실은 원시 종교에서 거룩의 개념의 일부분이었던 금기 조항 속에서도 역력히 드러나 있다. 원시적인 사람은 세상 안에서 영향력을 발휘하는 힘 혹은 악령에 대한 생각으로 가득 몰입해 있었다. 출생, 병, 사춘기, 결혼, 죽음 등과 같은 행동 혹은 조건들을 이들 악한 힘들이 영향력을 발휘하는 영역으로 간주하였다. 그리고 그러한 공격으로부터 면역되거나 혹은 보호받을 수 있게 하는 금기 체계를 만들었다. 이러한 금기 조항들을 지킴으로 개인과 공동체는 위험으로부터 보호를 받는다고 믿었다. 우리들에게는 그러한 것들이 참으로 비합리적이며 어처구니없는 것처럼 보일 수도 있다. 그 조항들은 종종 지키기 어려우며, 잔인하기도 하며, 사람들에게 아주 심한 징계를 가하기도 하였다. 그러나 이 점에서 우리가 주지해야 할 중요한 사실은 그것들 속에 선택을 요구하며 도덕적 의식을 일으키는 정도의 행동 지침이 담겨 있다는 것이다.

마렛(R. R. Marett)은 금기가 "개인 종교의 씨 밭"(seed-bed)이라고 말한다.3) 그것들은 절박한 의무감과 관련이 있는 '해서는 안 된다'라는 유의 법 조항들이다. 이와 같이 엄격한 금기 체계에서 사람들은 절제와 순종을 배웠다. 감염, 부정 그리고 악령의 공격으로부터 구해 주는 이들 금기들은 거룩의 본질적 내용의 부분이었다. 그것들은 도덕적 선택의 초기 형태였었다. 그러므로 그 안에 배태되어 있는 도덕성은 인류의 초창기부터 거룩의 내용을 형성하고 있었음이 입증된다. 예를 들어 보자. 만일 어느 음탕한 신에게 예배를 드린다면 그 예배는 음란한 것이 될 것이고 결국 도덕성은 결여될 것이다.

---

3 Article 'Tabu,' E.R.E., XII. 183.

이와 같은 비도덕성에 대한 관련 구절은 창세기 38장 21절과 신명기 23장 17절과 18절이다. 성경에서는 도덕성이 모세를 부르실 때에 이미 거룩과 관련되어 있다는 사실을 제시하고 있다. 불타는 떨기나무에서 하나님은 "이리로 가까이 하지 말라. 너의 선 곳은 거룩한 땅이니 네 발에서 신을 벗으라"(출 3:5) 그리고 "내가 내려와서 그들을 애굽인의 손에서 건져내리라"고 말씀하셨다(출 3:8). 이것은 거룩과 관련된 의의 행동이다. 모세가 금송아지 때문에 십계명의 두 돌 판을 깨뜨리고 나서 산으로 되돌아가 하나님께 "원컨대 주의 영광을 내게 보이소서"라고 구하자 여호와께서 "내가 나의 모든 선한 형상을 네 앞으로 지나게 하고 여호와의 이름을 네 앞에 반포하리라. 나는 은혜 줄 자에게 은혜를 주고 긍휼히 여길 자에게 긍휼을 베푸느니라. 또 가라사대 네가 내 얼굴을 보지 못하리니 나를 보고 살 자가 없음이니라"고 대답하셨다.

이와 같이 모세는 하나님의 도덕적 본성은 볼 수 있었지만 하나님의 존재의 모든 내용과 신비는 볼 수가 없었디. 모세와 이사야의 교훈 사이에 차이가 있다고 지나치게 확대시키는 것은 잘못이다. 도덕성은 성경의 시작부터 거룩 속에 포함되는 결정적 요소다. 신약에서는 도덕적인 월등함이 하나님의 거룩에 포함된 아주 중요한 요소임을 말하고 있다. 신구약 모두에서 인간의 죄는 하나님의 도덕적 정결에 대하여 심각한 문제를 일으키는 것으로 이해되고 있다.

성경에 계시된 하나님의 거룩에 있어서 네 번째의 중요한 요소는 파급된다(contagious)는 것이다. 하나님께서 구속하시는 것은 거룩하기 때문이다. 하나님은 자기 백성에게 자신의 거룩을 나누어 주셔야만 한다. 하나님의 거룩이 파급적이라는 점은 하나님의 도덕적 우월성과 함께 성경에서 말하는 성결에 관한 복음주의적 메시지의 기초가 됨을 드러내고 있다. 그것은 말하자면 하나님의 본성 자체, 그의 도덕적 우월성이 신자들에게 나누어진다는 것이다. 위에서 우리는 금기와 관련지으면서 원시 종교에 대하여 생각하여 보았다. 그리고 이제 거룩은 파급적이라는 내용으로 우리의 논의를 진행하고 있다. 원시 종교에서도 비록 희미하게나마 하나님의 계시가 있었다는 사실을 용인할 수 있다. 그렇지만 성경에 하나님의 특별 계시가 있다는 우리의 주장은 성경 밖에는 그리고 성경 이전에는 계시가 없다는 것을 의미하는 것은 아니다.

로마서 1장 19절부터 20절, 2장 15절 그리고 요한복음 1장 9절 같은 성경 말씀은 이교도들의 세계에서도 어느 정도의 계시가 있음을 제시하고 있다. 그래서 우리는 비록 많은 것들이 오염되어 불순하게 되었지만 희미하나마 약간의 빛은 얻을 수 있다는 기대를 가지고 원시 종교를 분석할 것이다. 사실 그러한 빛은 성경의 완전한 계시의 전조이며 예보될 수 있을 것이라고 우리는 알고 있다. 그러므로 우리가 원시 종교에서 거룩의 파급에 대한 개념을 접하게 될 때 우리는 단순한 조잡한 미신의 영역 안에서가 아닌 원시적 계시의 영역 안에서 그것을 접하게 된다.

기념비적 저서인 『금나무 가지』(Golden Bough)를 쓴 프레이저 경(Sir J. G. Frazer)은 여러 종류의 원시적 관습과 신앙을 분석하면서 거룩에 대하여 "분명히 원시적 철학가들은 거룩을 물질적 실체로 이해하였다. 축전지가 전기로 가득 채워지듯이 신성한 사람은 거룩으로 가득 채워질 수 있다. 그리고 축전지의 전기가 좋은 도체에 접하면 방전되는 것과 똑같이 사람 안에 축적되어 있는 거룩도 땅과의 접촉을 통해서 방출되어 없어질 수 있다"[4]라고 말하였다. 전기가 다른 절연 용기에 전이될 수 있듯이 거룩도 한 사람에게서 다른 사람에게로 전이될 수 있다고 그는 말한다.

더 나아가 이와 같은 파급은 긍정적일 수도 있고 부정적일 수도 있다.

---

4 요약 판, p. 594.

그것은 생명을 줄 수 있는 반면 위험한 것일 수도 있다는 말이다. 부정적인 측면에서 거룩은 위험한 바이러스와 같을 수 있다. 거룩에 대한 이와 같은 부정적인 면은 구약의 여러 곳에서 발견될 수 있다. 예를 들면, 시내산 주위를 지정해 놓고 백성들이 하나님을 보지 못하게 하였다. 그렇지 않으면 "백성이 돌파하고 나 여호와께로 와서 보려고 하다가 많이 죽을"(출 19:21) 그리고 "산을 범하는 자는 정녕 죽임을 당할"(출 19:12) 위험이 있기 때문이었다. 그리고 하나님의 언약궤를 붙든 웃사의 경우도 마찬가지이다: "여호와 하나님이 웃사의 잘못함을 인하여 진노하사 저를 그 곳에서 치시니 저가 거기 하나님의 궤 곁에서 죽으니라"(삼하 6:7).

하나님의 진노에 대한 성경의 예들은 거룩의 이와 같은 부정적인 면을 잘 나타내 주고 있다. 그렇지만 이 책의 가장 큰 관심은 거룩의 긍정적 측면과 원시 종교에서 거룩을 파급적인 것으로 여긴다는 점에 대한 것이다. 우리가 원시 종교에 대한 취급을 끝마치기 전에 구약의 계시를 최상의 위치로 놓고 있는 프레이저의 말을 인용하겠다: "내가 다루고 있는 범위는 주로 구약이 드러내고 있는 고대 히브리인들의 저변적 삶의 모습에 집중하는 것이었다. 그러나 그렇게 한다고 해서 히브리의 고귀한 영성의 측면을 무시하려는 것도 아니며, 깔보는 것은 더욱 아니다. 그 영성은 영적이며 도덕적으로 순수한 종교 속에 잘 나타나는 것으로 그 중에 구약은 불멸의 업적을 남기고 있다."

성막에서 섬기는 예는 거룩의 파급성에 대하여 여러 가지로 설명하고 있다. 제단의 거룩성은 그것에 접촉되는 모든 것에 전이된다(출 29:37). 랍비 헤르츠(Hertz) 박사는 레위기 6장 18절을 주석하면서 이렇게 언급한다: "제의적 거룩은 한 물건에서 다른 물건으로 전이될 수 있다. 거룩한 음식과 접촉하는 음식은 거룩하게 된다." 속죄제와 관련해서 보면, 그 제물의 거룩성은 제물을 담은 용기들에게 전이된다. 그러므로 제사를 지낸

후 흙으로 만든 그릇은 부숴야 하며 구리 그릇은 흐르는 물에 깨끗이 씻어야 한다. 그렇게 함으로 그 그릇들에게 전이된 거룩성이 더 이상 다른 것에 전이되는 것을 방지할 수 있기 때문이다.

이 모든 것은 보기 좋은 그림을 보여 주는 언어이지 철학적 이론이 아니다. 그 언어는 하나님의 거룩은 파급적이라는 사실을 이들 단순한 고대인들에게 깊은 인상을 심어 주기 위하여 하나님이 채택한 언어다. 용기들에게 전이되는 거룩과 사람의 영혼에게 주어지는 거룩과는 물론 엄청난 차이가 있다. 용기가 거룩하게 된다는 개념을 반대한다는 것은 문제의 핵심에서 이탈하는 것이다. 그와 같은 개념은 사실상 거룩의 파급성에 대한 고귀한 진리와 그 외의 것들을 가르치기 위하여 고대의 제사 형식 속에서 하나님이 채택한 실제적이고 확고한 그리고 생생한 방법인 것이다. 하나님이 에스겔에게 제사장들이 임무를 다 마치고 떠날 때에는 옷을 바꾸어 입어야 한다고 말했을 때에도 똑같은 교훈을 주기 위함이다: "그들이 바깥 뜰 백성에게로 나아갈 때에는 수종드는 옷을 벗어 거룩한 방에 두고 다른 옷을 입을지니 이는 그 옷으로 백성을 거룩케 할까 함이니라"(겔 44:19).

우리는 하나님의 거룩은 자신을 자신의 백성들과 연관시키고 있다는 사실을 선지자의 "이스라엘의 거룩한 자"라는 하나님에 대한 칭호에서 볼 수 있다: "너희 이스라엘 사람들아 두려워 말라. 나 여호와가 너를 도울 것이라 네 구속 자는 이스라엘의 거룩한 자니라"(사 41:14). 하나님의 거룩은 또한 겸손한 마음을 가진 자와 연관되고 있다: "지존무상하며 영원히 거하며 거룩하다 이름하는 자가 이같이 말씀하시되 내가 높고 거룩한 곳에 거하며 또한 통회하고 마음이 겸손한 자와 함께 거하나니"(사 57:15).

하나님은 이스라엘의 거룩한 자이지만 다른 백성들에 대하여 완전 배타적이지는 않다. 이스라엘을 통하여 하나님은 온 세상 안에서 일하신다. 그러기에 스랍이 이사야에게 "그 영광이 온 땅에 충만하도다"라고 선언하였다(사 6:3). 또한 하나님은 에스겔을 통하여 "내가 내 거룩한 이름을 내 백성 이스라엘 가운데 알게 하여 다시는 내 거룩한 이름을 더럽히지 않게 하리니 열국이 나를 여호와 곧 이스라엘의 거룩한 자인줄 알리라"고 말하였다(겔 39:7). 예수님에 대하여 "손을 대는 자는 다 성함을 얻으니라"(막 6:56)고 말 할 때 그것은 하나님의 능력이 자신으로부터 흘러 나간다는 동일한 메시지에 대한 신약의 한 예이다. 사도 베드로도 "이로써 그 보배롭고 지극히 큰 약속을 우리에게 주사 이 약속으로 말미암아 너희로 정욕을 인하여 세상에서 썩어질 것을 피하여 신의 성품에 참례하는 자가 되게 하려 하셨으니"라고 동일한 말을 하고 있다(벧후 1:4). "바울이 그들에게 안수하매 성령이 그들에게 임하시므로"라는 증거는 사도 바울도 하나님의 방사되는 생명으로 충만해 있었다는 사실을 말해 주고 있다(행 19:6). "믿지 아니하는 남편이 아내로 인하여 거룩하게 되고 믿지 아니하는 아내가 남편으로 인하여 거룩하게 되나니"라고 바울이 말할 때(고전 7:14), 그것은 거룩이 한 사람에게서 다른 사람으로 전이된다는 사실을 믿하는 것이다. 신약에서 성령의 은사에 대하여 말할 때 그것은 하나님의 거룩의 파급성에 대한 성경의 말씀 중 가장 으뜸 가는 것이다.

오늘날 우리가 가장 중요하게 관심을 가져야 하는 것은 하나님의 본성의 파급성에 대한 성경의 계시에 대한 것이다. 왜냐하면 우리 시대에 만연해 있는 하나님에 대한 견해는 하나님은 멀리 계시므로 접근할 수 없고, 만일 하나님을 알려면 오직 창조된 세계를 통하여서만 알 수 있다는 것이다. 우리는 그 진리를 지나치게 강조할 수 없다. 그러나 성경에서 하나님은 자신의 거룩과 관련지어 자신을 드러낼 뿐만 아니라 하나님의 모든 속성 속에서 자신을 드러내고 있다는 점을 말한다.

예를 들어, 하나님의 의에 대하여 성경이 말하는 바에 대하여 간략하게 생각해 보자. 구약에서 하나님과 관련지어 의를 말할 때 법적인 의미만이 아닌 구속적 의미를 가지고 말한다. 하나님이 의롭기 때문에 하나님은 악행자를 심판하실 뿐만 아니라 뉘우치는 자를 구원하신다. 시편 기자는 하나님께 "주의 의로 나를 건지소서"라고 부르짖는다(시 31:1). 하나님은 의롭기 때문에 건져 주신다. 그러기에 이사야 선지자를 통하여 하나님은 "참으로 나의 의로운 손으로 너를 붙들리라"고 말하신다(사 41:10). 하나님이 의롭기 때문에 구원하신다는 것은 이사야의 두드러진 메시지 중 하나다: "내가 나의 의를 가깝게 할 것인즉 상거가 멀지 아니하니 나의 구원이 지체치 아니할 것이라"(사 46:13). 이와 같이 영광스러운 진리는 사도 바울의 편지에서 그 정점에 도달한다. 예를 들면 "그를 위하여 모든 것을 잃어버리고 배설물로 여김은 그리스도를 얻고 그 안에서 발견되려 함이니 내가 가진 의는 율법에서 난 것이 아니요 오직 그리스도를 믿음으로 말미암은 것이니 곧 믿음으로 하나님께로서 난 의라"는 바울의 간증이다(빌 3:9). 찰스 웨슬리(Charles Wesley)는 그의 찬송가 여러 곳에서 이 위대한 진리를 명료하게 드러내고 있다. 그는 "신령한 의로 옷 입다"와 "당신의 의를 입어" 등과 같은 주제에 대하여 찬송하고 있다:

> 나는 당신의 생명을 원합니다.
> 당신의 순결함과 의 가운데로
> 나를 인도하소서;
>
> 예수여, 당신의 피와 의만이
> 나의 아름다움이며 나의 의복입니다.

하나님의 의 자체가 우리 안에 나누어지고 이식될 수 있다는 사실은 참으로 놀랍고 영광스러우며 감격스러운 진리다. 또한 이 진리는 하나님의 본성의 파급성과 교통성에 대하여 우리에게 분명히 선포하고 있다. 이 진리는 하나님의 사랑에도 같이 적용된다. 사랑 역시 나누어지는 것이기 때문이다. 하나님을 아버지라고 부를 때 그것은 자녀들과의 가장 친밀한 관계를 의미하는 것이다. 하나님을 영이라고 부를 때 그것이 의미하는 것 중 한 가지는 하나님은 물질과 같이 한계를 가지고 있지 않으시다는 것이다. 거룩, 사랑, 의, 부성, 영 등으로 하나님을 말할 때 그것들은 인간을 향한 하나님의 접근성과 하나님의 성품에 대한 인간의 참여를 의미하는 것이다.

신약은 하나님의 풍성한 내주에 대하여 여러 곳에서 말하고 있다. 사도 요한이 성육신 한 말씀에 대하여 "우리가 그 영광을 보니 아버지의 독생자의 영광이요 은혜와 진리가 충만하더라"(요 1:14) 그리고 "우리가 다 그의 충만한 데서 받으니 은혜 위에 은혜러라"고 말한다(요 1:16). 사도 바울도 같은 사실을 더욱 강하게 말하고 있다. 그리스도에 대하여 말하면서 바울은 "그 안에는 신성의 모든 충만이 육체로 거하시고 너희도 그 안에서 충만하여 졌으니"라고 말한다(골 1:9-10). 또한 바울은 에베소 교인들노 마음속에 그리스도를 그처럼 모실 수 있다고 말한다: "하나님의 모든 충만하신 것으로 너희에게 충만하게 하시기를 구하노라"(엡 3:19). 이러한 말씀들은 우리를 엄청나게 자극하여 강한 감동을 주는 말씀들이다.

거룩에 대한 계시로써 성경에서 말하고 있는 모든 것은 위에서 언급한 거룩의 네 요소, 즉 하나님의 위엄성, 하나님의 영광스러운 장엄성, 하나님의 도덕적 순결성, 그리고 하나님의 성품의 교통성 중 그 어느 하나에 뿌리를 두고 있다. 하나님의 위엄성은 우리 안에 경배와 존귀심을 생성한다. 하나님의 장엄성은 우리에게 하나님이 약속하신 것을 이루실 수 있다는 것을 확인시켜 준다. 하나님의 도덕적 우월성은 우리의 삶에 있어서 본질적이며 최종적 지표는 선이며 하나님은 죄를 결코 용납할 수 없다는 사실을 확인시켜 준다. 하나님의 성품의 교통성은 사람이 하나님께서 명하신 도덕적이며 영적인 이상, 즉 예수님의 "하늘에 계신 너희 아버지의 온전하심과 같이 너희도 온전하라"는 명령을 실현할 수 있다는 점을 보증하는 것이다(마 5:48).

웨일(J. S. Whale)은 『기독교 교리』라는 책을 쓸 때 한 젊은 부목사에 대한 이야기로 시작한다. 그 젊은이는 옥스퍼드의 감독 윌리엄 스탑스(William Stubbs)에게 가서 설교술에 대한 도움을 구하였다. 감독은 잠시 생각하다가 "하나님에 대하여 설교하게. 그리고 설교는 약 20분쯤 하게"라고 대답하였다고 한다. 그 같은 충고는 어느 시대에나 잘 맞는 시의적절한 것이었다.

기독교는 우선적으로 하나님의 복된 소식이다. 예수님이 지상에서 제자들에게 한 마지막 말 가운데 하나는 "하나님을 믿으니 또 나를 믿으라"였다. 금세기에 서구 세계에서 일어난 하나님에 대한 반역 속에 존재하는 본질이 있다. 극좌에서는 본질적으로 무신론적 물질주의인 공산주의가 있다. 칼 마르크스는 "하나님에 대한 생각은 반드시 파괴되어야 한다. 그것은 인간의 문명을 뒤틀어 놓은 장본인이다"고 선언하였다.

다음, 사도 바울 시대에서 본 것처럼, 오늘날에도 수많은 사람들의 마음속에 "알지 못하는 신"을 위한 제단들이 있다. 그러나 실상은 그것들은 제단이 아니라 무덤 비석인 것이다. 그와 같은 사고는 과학적인 견해가 많은 사람들의 생애 속에서 종교적 신앙을 완전히 분쇄해 버렸다. 중대한 하나님의 주권 교리에 대한 바르트주의자들의 지나친 과장은 그러한 믿음의 고갈과 모든 것을 집어삼키는 불신의 부분적 원인이 되었다. 하나님께서 무엇이든지 하실 수 있다는 점을 거부하는 입장에 대한 대답으로써, '인간은 아무 것도 할 수 없으나 모든 것을 하시는 분이 하나님이다'고 주장하기에 이른 것이다. 이와 같은 일방적인 과장에 대하여 풍자의 글로서 모즐리(J. K. Mozley)는 다음과 같이 읊고 있다:

> 일어나라, 너 하나님의 사람아!
>   헛된 일 버리고;
> 마음과 뜻과 힘 다해
>   왕의 왕 섬겨라;

위의 것을 모방하면 다음과 같이 옳을 수 있다:

> 주저앉아라, 너 하나님의 사람아!
>   그가 그의 왕국을 일으키리
> 그것이 주님의 뜻을 만족시킨다면;
>   언제나 너는 아무 것도 할 수 없으리.

위의 시와 같아서는 안 된다. 그렇지만 하나님의 존재를 부인하는 것보다는 하나님께서 일하신다는 사실을 과장시키는 것이 훨씬 나을 것이다. 터너(Turner)의 그림을 보고 있었던 한 사람이 그 화가에게 "저는 이와 같은 석양을 본적이 없는데요"라고 말하였다. 터너는 "그렇습니까, 그러면 당신은 그것을 볼 수 있기를 소원하지 않겠습니까?"라고 말하였다. 오늘날, 많은 사람들이 불신 속에서 만족하지 못하며 행복하지 못하다. 그들은 외로워하며 방황하고 있다. 그들은 그들이 하나님을 믿을 수 있기를 소원하고 있다. 인간의 영혼 속에는 하나님을 향한 굶주림과 간절함이 아직도 많이 남아 있다.

우리는 하나님에 관한 이 복음을 우리의 세대에게 전해야 되지 않겠는가? 우리가 도덕적 우월성을 함유하고 있는 하나님의 거룩에 대한 이렇듯 귀중한 계시와 자신의 본성을 우리에게 놀랍도록 나누시는 사실을 인간의 마음과 영혼 속에 실제로 느끼게 할 수 있지 않겠는가? 우리가 바라는 것은 이론 이상의 것인 바로 그것에 대한 간증이다. 그것은 머리만의 지식이 아니라 마음의 지식인 것이다. "마음이 청결한 자는 복이 있나니 저희가 하나님을 볼 것임이요"라고 예수께서 말하였다. 미래 문명의 확실한 토대로서 이것 외에 다른 것은 없다. 그리고 인간의 마음의 만족과 평화에 대한 자원으로서 이것 외에 다른 것이 없다. 더 나가서, 도덕적 완전으로서 그리고 자신의 본성을 나누어 주는 것으로서의 하나님에 대한 계시는 인간이 완전히 구속함을 받을 수 있음에 대한 보증이며, 온전한 구원인 완전 성결의 체험에 대한 명령이며 보증인 것이다.

3

예수님의 거룩

우리가 처해 있는 금세기 초부터 예수님의 인성에 대한 관심이 널리 퍼져 왔다. 그에게 붙여진 명칭들도 아주 다양하다. 예를 들면, 갈릴리 사람, 나사렛 사람, 모든 믿는 자 중 가장 위대한 사람, 가장 뛰어난 영적 선각자, 하나님을 발견한 자 중 가장 으뜸가는 자 등이다. 위의 명칭들을 잘 분석해 보면 옛날의 가현설(假現說)과 같이 예수님을 인간이 아닌 단지 영으로 보는 견해는 엿보이지 않는다. 그 반대로 어떤 사람들은 그의 신성을 부인할 정도로 그의 인성을 지나치게 강조하고 있다. 그리고 이미 그 같은 치명적인 결론에 대한 강한 반발이 일어나고 있다. 신약에 반영되고 있는 예수님의 거룩은 그의 신성과 인성을 동시에 포함하고 있다. 그것은 양성의 연합을 설명하는 것이 아니라 양성의 사실과 실제를 포함한다는 것이다. 그러나 이 곳에서 우리의 관심은 그의 거룩이 그의 품격에 미치는 영향에 있는 것이 아니라 그의 사역 즉 그가 가지고 온 구원에 어떤 영향을 미치는가에 있다. 그런 후에 우리의 관심은 예수님의 거룩이 어떻게 우리의 거룩성에 영향을 미치는가를 보는 데 있다.

예수님의 기록성과 관련된 복음서의 기록에서 가장 인상적인 것은 그가 그 어휘를 아주 드물게 사용하였다는 것이다. 물론 복음서에 보존되고 있는 것보다는 훨씬 더 많이 말했겠지만 그 곳에서 말한 내용들이 그의 말의 특징을 이루고 있다는 사실을 우리는 믿어야 할 이유가 있다. 기록된 바대로 예수님은 그 어휘를 드물게 사용하였지만 그렇다고 아무 생각 없이 사용한 것이 아니다. 이 어휘에 혐오감을 가지고 있는 사람들이 예수님이 그 말을 드물게 사용하였다는 이유로 인해 성급하게 결론을 내리며 쉽게 오해할 수 있다. 그러나 거기에는 여러 가지 이유가 있다고 강하게 주장할 수 있다. 예수님이 그의 대중적 가르침 중에서 그 말을 자주 사용하지 않았던 주된 이유는 그 당시 그 어휘가 유대인들의 의식과 밀접한 연관성을 가지고 있었기 때문이었을 것이다. 그러기에 산상 수훈에서 예수님은 "내가 거룩하니 너희도 거룩하라"(벧전 1:16)는 말보다 "하늘에 계신 너희 아버지의 온전하심 같이 너희도 온전하라"(마 5:48)는 말을 더 선호하였을 것이다. '거룩'이라는 어휘에 의구심을 품는 사람들은 이 사실로 인해 기뻐할 것이지만 '온전'이라는 어휘에 의구심을 품는 많은 사람들은 그렇지 않을 것이다.

그러나 실상 위의 사실은 '거룩' 이든 아니면 '온전'이든 어떤 어휘에 대해 의구심을 품는 그 누구에게도 위로를 주지 못한다. 예수님께 대한 확고한 사실은 그가 거룩한 삶을 사셨으며, 거룩한 사명을 완수하셨으며, 그가 세상에서 가장 거룩한 사람이라는 것이다. 그는 하나님의 '거룩한 자'이다(요 6:69). 예수님의 거룩성은 대부분 그의 말을 통해서가 아니라 그의 행위를 통해서 나타났다. 예수님의 전 생애에 걸쳐서 사용한 그 어휘에 대하여 사람들은 통상적으로 오용하고 있다. 예수님의 거룩한 삶과 사역을 통하여 우리는 '거룩'이라는 어휘가 초기 기독교 내에서 깊고 풍부한 기독교적인 의미를 가지게 되었음을 안다. '거룩'이라는 어휘를 자주 사용하지 않았던 것과 마찬가지로 예수님은 '사랑'이라는 어휘도 자주 사용하지 않았다. 그리고 사도 바울과 베드로의 가르침에서 그처럼 중요하게 사용한 '은혜'라는 어휘에 대하여 예수님께서 전혀 사용하지 않았던 것으로 기록되어 있다. 거룩은 예수님의 사역과 삶의 본질이었다. 그가 보이신 모범은 우리로 하여금 그 어휘를 저속하게 사용하거나 빈 병에 붙어 있는 상표 정도로 사용하지 못하게 함으로 '거룩'이라는 어휘가 값싸게 사용되지 못하도록 경고하고 있다. 그 반면 우리는 그 어휘 자체를 무시해서도 안 된다. 그러한 행위는 우리에게 치명적이다. 영적인 삶에 있어서 그것은 없어서는 안 되는 진리와 계시의 광맥이기 때문이다. 그의 대중적인 가르침 속에서는 그 어휘가 두드러지게 나타나지 않았지만, 그의 기도의 삶 속에서는 그렇지 않다. 거룩은 그가 하나님과 홀로 만남과 교통에 의해 특징지어 진다. 그 사실은 거룩이 얼마나 귀하고 의미 있는 것인지를 보여 준다.

예수님의 기도 생활에 '거룩'이라는 어휘와 관련지은 경우가 네 번 나온다. 대제사장의 기도 또는 헌신의 기도라 불리는 요한복음 17장에 나오는 기도에서 예수님은 하나님을 '거룩한 아버지'라고 불렀다(11). 이것은 신약과 예수님의 계시의 중심부를 차지하는 마지막 계시인 것이다. 그 두 어휘는 서로 보완적이다. 하나님의 거룩성과 부성은 함께 하나님의 영광의 충만함을 드러낸다. 하나님의 거룩성은 미치지 못할 것이거나 엄격한 것이 아니라 부성적이다. 하나님의 부성은 방종을 용인하는 것이 아니라 거룩하나. 그리고 주기도문에서 예수님은 우리가 "아버지여 이름이 거룩히 여김을 받으시오며"라고 기도하라고 하셨다(눅 11:2). 우리가 이 기도를 되풀이 할 때마다 우리는 하나님이 거룩하심을 고백하고 있다는 사실을 당연히 인식하여야 함에도 불구하고 그렇지 못한 경우가 있다. "거룩히 여김을 받으시오며"라는 어휘는 예수님이 요한복음 10장 36절과 17장 19절에서 '거룩하게 한다'라는 의미와 같은 것이다. 그러므로 주기도문에서 이 어휘들은 사실상 '아버지여 당신이 거룩합니다'라는 뜻이다. 바로 그러한 의미를 가지고 우리가 기도하는 것이다. 결국 우리가 기도할 때 하나님께서 온 세상에서 거룩한 분으로 알려질 것을 위하여 기도한다는 의미이다. 그러므로 헌신의 기도나 주기도문에서 공히 하나님의 거룩을 고백하고 있는 것이다.

두 번째로 예수님이 제자들 속에 거하게 될 영에 대하여 말할 때 그는 그 영을 성령이라고 하였다. 우리가 성령에 대하여 너무나 자주 사용하다 보니까 그 심오한 의미를 쉽게 간과하게 된다. 예수님은 "너희가 악할지라도 좋은 것을 자식에게 줄줄 알거든 하물며 너희 천부께서 구하는 자에게 성령을 주시지 않겠느냐"고 말씀하셨다(눅 11:13). 여기에서 거룩은 기도와 연결되어 있다. 그런데 이 경우는 주기도의 연속선상에 있는 것이다. 보혜사인 성령께서 예수님의 기도의 응답으로 오시게 되었다(요 14:26). 우리에게 주어진 신령한 생명이 성령이라는 사실이 그리스도인의 삶과 품성에 미치는 영향은 실로 대단한 것이다. 그러기에 예수님은 삼위일체의 제 삼위의 격에 해당하는 어휘를 사용하고 있는 것이다.

세 번째로 예수님은 거룩의 어휘를 자신과 관련지어서 사용하고 있다. 예수님이 자신에 대하여 말할 때 "아버지께서 거룩하게 하사 세상에 보내신 자"라고 칭하고 있다(요 10:36). 이와 같이 사람들의 관심을 끄는 예수님의 지칭은 우리 주님이 탄생할 때 마리아에게 "성령이 네게 임하시고 지극히 높으신 이의 능력이 너를 덮으시리니 이러므로 나실 바 거룩한 자는 하나님의 아들이라 일컬으리라"고 한 말과 연관되어 있음에 틀림없다(눅 1:35). 예수님은 자신의 기도에서 "또 저희를 위하여 내가 나를 거룩하게 하오니"라고 기도하였다(요 17:19). 위의 아주 의미심장한 예수님의 언급은 자신의 내면적 의식 속에서 자신의 사명이 아버지의 거룩한 목적을 이루어 드리는 것이라는 사실을 인식하고 있었다는 점을 보여 주는 것이다. 우리는 예수님 자신이 하나님의 아들이며 메시아임을 인식하고 있었다고 분명하게 말할 수 있다. 그는 또한 자신이 "하나님의 거룩한 자"임을 깊이 인식하고 있었다(요 6:69).

네 번째로 예수님은 자신을 믿는 사람들을 거룩하다고 말하였다. 그래서 그는 "이는 저희도 진리로 거룩함을 얻게 하려 함이니이다"라고 기도하였다(요 17:19). 히브리서 기자가 "거룩하게 하시는 자와 거룩하게 함을 입은 자들이 다 하나에서 난지라"고 말할 때(히 2:11), 위의 사실을 다시 언급하고 있음을 우리는 알 수 있다. 예수님은 삼위일체의 각 위에 속하는 아버지, 성령 그리고 아들 모두가 거룩하며 또한 그를 믿는 사람들도 거룩하다고 지칭하였다. 그렇다면 기독교는 거룩한 아버지에 의해서 보존되며, 거룩한 아들에 의해서 구속받았으며, 거룩한 영이 내주하고 있는 거룩한 가정이 된다. 그러기에 "거룩, 거룩, 거룩, 모든 성도들이 주를 찬양합니다"라고 찬양하게 되는 것이다.

신약의 구석구석은 예수님의 거룩을 아주 현저하게 나타내고 있다. 예수님의 거룩성은 자신에 대한 계시의 최우선 순위를 차지하고 있다. 그는 세상의 거룩한 자이며, 하나님의 거룩한 자이다. 우리는 앞장에서 하나님의 거룩성을 나타내는 네 가지 요소에 대하여 언급한 바 있다. 우리는 그 네 가지 요소가 예수님의 삶과 성품 속에서도 똑같이 드러나고 있음을 예견할 수 있다. 예수님의 얼굴에서 그리고 그의 영혼 속에서 그 네 가지 요소가 번뜩이고 있음을 본다는 것은 과연 놀라운 일이다. 우리가 언급한 바 있듯이 하나님의 거룩성에 있어서 첫 번째 요소는 위엄성이었다. 우리는 예수님의 사역 가운데 "저희가 다 놀라"라는 말을 자주 접하게 된다(막 2:12). 예수님은 미친 사람이라는 비난을 자주 들었는데, 그것은 사실 그의 정신적 능력에 대한 오해에서 기인한 것이다. 베드로가 예수님의 명령에 따라 물고기를 들어올렸을 때 예수님의 위엄성이 베드로의 고백에서 그대로 드러났음을 우리는 안다: "시몬 베드로가 이를 보고 예수의 무릎 아래 엎드려 가로되 주여, 나를 떠나소서. 나는 죄인이로소이다 하니 이는 자기와 및 함께 있는 모든 사람이 고기 잡힌 것을 인하여 놀라니라"(눅 5:8).

예수님의 이와 같은 위엄성에 대하여 제자들이 놀란 아주 분명한 장면은 예수님이 십자가를 지시기 위해 제자들과 함께 예루살렘으로 올라가고 있을 때였다. 마가는 그 장면을 "예루살렘으로 올라가는 길에 예수께서 제자들 앞에 서서 가시는데 저희가 놀라고 좇는 자들은 두려워하더라"고 기술하고 있다(막 10:32). 여행 중에 예수님의 마음은 앞으로 다가올 십자가에 대하여 사로잡혀 있었지만 그들의 마음은 여러 가지 생각들로 분주했을 것이다. 그러므로 분명 그들은 처음에는 예수님과 어울려 여행을 시작하였지만 머지 않아 예수님으로부터 쳐져 있었을 것이다. 그들의 생각들이 예수님의 생각과 동떨어져 있었던 것과 같이 그들의 몸도 예수님과 따로 떨어지게 되었을 것이다. 예수님이 홀로 앞으로 가고 있었을 때, 제자들은 예수님을 바라보고 그의 얼굴과 외모에 나타난 신비로움을 목격하게 되었을 것이다. 그리고 그들은 두려움에 휩싸이게 되었을 것이다. 예수님의 품성은 단조롭거나 무미건조한 것이 아니라 항상 사로잡으며, 자극을 주며, 신비로우며, 겸비하며, 사건을 일으키며, 위엄이 있으며, 존귀하다. 그가 너무나도 생동적이며, 실질적이며, 영적이기 때문에 악령들까지도 그를 알아보고 그 앞에서 부르짖었다. 무리들이 그를 따랐고, 병든 자들이 그를 의지했으며, 죄인들이 그에게로 이끌리었다. 그는 미움의 대상이 아니었으며 비정상적인 존재도 아니었다. 그의 품성의 본질적인 요소는 '위엄' 그 자체이다.

하나님의 거룩성에 있어서 두 번째 요소는 장엄한 영광이라고 하였다. 이 요소도 예수님 안에서 충분히 나타나고 있다. 예를 들면, 그가 폭풍우를 잔잔케 한 것, 물 위를 걸으신 것, 그리고 죽은 자를 살리신 것 등은 모두 이러한 요소를 나타내는 것이다. 그에게 있는 영광과 장엄함은 참으로 놀랍다. 그러기에 그는 "내가 부활이요 생명이다"라고 말할 수 있었다(요 11:25).

하나님의 거룩성에 있어서 세 번째 요소는 도덕적 우월성이라고 하였다. 예수님의 인간적 삶에 있어서 이 요소야말로 완전하게 나타난 요소였다. 그에게는 죄가 없었다. 이 사실에 대하여 전혀 상반되는 판단을 내린 주석가들도 있다. "너희 중에 누가 나를 죄로 책잡겠느냐"라는 그의 언급은 자신에게 죄의식이 없었다는 것을 의미한다(요 8:46). 그것은 우리를 죄에서 구원하기 위하여 자신이 죄를 알아야 할 필요가 없었음을 의미하는 것이다. 히브리서 기자는 그가 "우리 연약함을 체휼하지 아니하는 자가 아니요 모든 일에 우리와 한결 같이 시험을 받은 자로되 죄는 없으시니라"고 말하고 있다(히 4:15). 그렇지만 예수님의 품격은 소극적인 측면에서 죄가 없었음은 물론 적극적인 측면에서 "은혜와 진리가 충만하다"(요 1:14). 그의 순결성은 하나님의 목적을 이루기 위하여 자신을 적극적으로 헌신했다는 것에서 드러나고 있는데, 그것은 다음의 언급 속에 명백히 나타나고 있다: "나의 양식은 나를 보내신 이의 뜻을 행하며 그의 일을 온전히 이루는 이것이니라"(요 4:34). 그에게 있어서 가장 어려운 시험은 하나님의 거룩을 만족시키며 동시에 자신의 거룩도 완성시기는 곳인 십자가였다. 겸비, 희생적 사랑, 그리고 순종은 그의 거룩한 삶에 있어서 가장 뛰어난 도덕적 자질이었다.

하나님의 거룩성에 있어서 네 번째 요소는 그것의 파급성이라고 했다. 이 요소는 예수님의 사역의 모든 부문에서 드러나고 있다. 그는 자신의 본성을 자기 자신 안에 국한시킬 수 없었다. 그래서 마가는 "아무 데나 예수께서 들어가시는 마을이나 도시나 촌에서 병자를 시장에 두고 예수의 옷 가에라도 손을 대는 자는 다 성함을 얻으니라"고 기록하고 있다(막 6:56). 혈루증이 있는 여인이 "그의 옷에 손을 대니 이는 내가 그의 옷에만 손을 대어도 구원을 얻으리라 함일러라. 이에 그의 혈루 근원이 곧 마르매 병이 나은 줄을 몸에 깨달으니라. 예수께서 그 능력이 자기에게서 나간 줄을 스스로 아시고 무리 가운데서 돌이켜 말씀하시되 누가 내 옷에 손을 대었느냐"(막 5:27-30). 위의 두 가지 기사는 예수님의 삶이 얼마나 접근하기 쉬우며 전이가 가능한지 극명하게 보여 주는 실례들이다. 그의 삶은 자신 안에 갇혀 있지 않았고 오히려 "그 배에서 생수의 강이 흘러나리라"고 성경에 미리 예언된 바와 같았다(요 7:38). 그가 부활하신 후 제자들에게 나타나셔서 "저희를 향하사 숨을 내쉬며 가라사대 성령을 받으라"고 말하였다(요 20:22). 성경에서 하나님의 거룩성에 있어서 두드러지게 나타난 그 요소가 그의 아들의 성육신한 생애 속에서도 풍성하게 나타나고 있다는 사실을 드러내고 있다는 것은 참으로 놀랍기도 하고 또 당연하기도 하다. 예수님 안에 하나님의 거룩성이 성육신하여 나타났을 뿐만 아니라, 우리 안에도 거하며 은혜와 진리를 충만하게 보여 주었다.

예수님의 거룩성은 초기 기독교가 그를 증거한 내용 중 가장 주된 것이기도 하다. 우리는 그를 하나님의 아들이요, 메시아요, 주라고 고백하는데 익숙해져 있었지만, 그의 거룩이 그의 인격과 사역에 있어서도 위의 명칭들처럼 기본적인 요소라는 점에 대하여는 그렇지 못하였다. 이 진리에 대하여 우리는 지금까지 강조해야 할만큼 강조해 오지 못했다. 이와 관련한 내용들을 살펴보는 것은 아주 바람직한 것이다. 무엇보다도 먼저 모든 제자들을 대신하여 베드로가 "주여 영생의 말씀이 계시매 우리가 뉘게로 가오리이까? 우리가 주는 하나님의 거룩하신 자신 줄 믿고 알았삽나이다"고 고백한 사실에 주목하자(요 6:69). 사실상 무리들이 차례 차례로 그리스도에게서 이탈하고 있었다. 예루살렘의 유대인들은 이미 그를 거부하였고, 갈릴리의 유대인들 또한 그렇게 하고 있었다. 자기의 제자들마저도 그의 가르침에 혼돈되어 있었다. 그리고 사실상 "제자 중에 많이 물러가고 다시 그와 함께 다니지" 않게 되었다(요 6:66).

이렇듯 그의 적들이 극렬하게 그를 대적하며 제자들마저도 그를 등지고 있을 바로 그 때에 베드로가 기독교의 발아적 신앙 고백으로 "주는 하나님의 거룩하신 자"라고 고백한 것이었다. 이 고백은 비록 똑같지는 않고 다만 보충적이지만 베드로가 가이사랴 빌립보 지역에서 고백한 내용과 흡사한 것이다. 예수님은 "거룩한 자"이다. 이것은 그만이 이 세상에서 거룩한 자임을 암시하는 것이다. 그러기에 우리가 성찬에 참여할 때 "당신만이 거룩하며, 주가 됩니다. 오, 그리스도여 당신은 성령과 함께 지극히 높으신 하나님 아버지의 영광 중에 거하는 분입니다"라고 고백한다. 예수님만이 본질적으로 거룩하며 우리의 것은 그로부터 유추된다는 개념은 진실이다.

구약에서 '거룩한 자'라는 호칭은 하나님에 대해서만 사용된 호칭이었다. 하나님은 "네 가운데 거하는 거룩한 자"이며(호 11:9), "여호와 너희의 거룩한 분"이다(사 43:15). 하나님에 대한 이사야의 가장 애용하는 호칭은 '이스라엘의 거룩한 자'이다. 예수님은 구약의 거룩한 자 즉 하나님 자신의 표현이며 대표자인 것이다. 기독교회의 이러한 고백은 예수님의 가장 고귀한 사명이 하나님의 거룩성이 요구하는 바를 성취시키는 일에 있었음을 밀해 준다. 그와 같은 고백은 진성 의미심장한 것이다. 베드로의 그러한 증거는 그의 초기의 설교에서 확증되고 있다. 오순절에 행한 설교에서 그는 "이는 내 영혼을 음부에 버리지 아니하시며"라는 다윗의 말을 인용하고 있다(행 2:27). 오순절이 지나자마자 사도 요한과 같이 전도 여행을 할 때에 베드로의 생각과 말에는 예수님의 거룩성이 가장 중요한 것처럼 보였다. 솔로몬의 행각에서 유대인들에게 행한 설교에서 베드로는 "너희가 거룩하고 의로운 자를 부인하였다"고 말하였다(행 3:14). 그 후에 그는 기도할 때 예수님에 대하여 "하나님의 기름부으신 거룩한 종 예수"라고 언급하였고, 연이어 "표적과 기사가 거룩한 종 예수의 이름으로 이루어지게 하옵소서"라고 언급하였다(행 4:27; 30).

누가는 예수의 출생에 대한 기록에서 천사가 예수의 어머니 마리아에게 나타나서 다음과 같이 말한 사건에 대하여 말하고 있다: "성령이 네게 임하시고 지극히 높으신 이의 능력이 너를 덮으시리니 이러므로 나실 바 거룩한 자는 하나님의 아들이라 일컬으리라"(눅 1:35). 우리는 어떻게 누가가 우리 주님의 탄생에 대한 기사를 얻었는지 확실히 알 수 없지만, 이 구절은 영감과 계시로 장엄하게 기록된 것이다. 누가는 성령의 능력이 뒤덮으므로 말미암아 마리아는 하나님의 아들이 거하는 성전이 되었다고 말하고 있다. 이 구절은 광야에서의 구름 기둥과 주님의 변화와 연결되어 있다. 천사가 예수님에 대하여 선포한 내용 속에 포함되는 첫 번째 것은 예수가 거룩하다는 것이다. 이것이 천사의 말이기 때문에 우리는 그것이 하늘에 있는 교회가 예수의 거룩에 대하여 증거한 것이라고 말할 수 있다.

오늘날 천사의 존재에 대하여 믿지 않는 사람들이 있는데 그 불신의 이유는 그 존재를 믿어야 할 이유만큼 강하지 못하다. 주님이 "아버지께서 거룩하게 하사 세상에 보내신 자가 나는 하나님의 아들이라 하는 것으로 너희가 어찌 참람하다 하느냐"라고 직접 하신 말씀을 살펴보면(요 10:36), 그가 태어날 때 그에 대한 첫 번째 선언이 그의 거룩한 사명에 대한 것이었다는 것은 너무나 적절한 것이었다. 이것은 그가 아주 선한 사람이라는 것 이상을 의미한다. 그것은 그가 죄를 처리하고 위대한 구원을 가능하게 하며 하나님의 거룩성이 요구하는 모든 자질을 다 갖추고 있다는 사실을 의미한다.

사도 바울이 "성결의 영으로는 죽은 가운데서 부활하여 능력으로 하나님의 아들로 인정되셨으니 곧 우리 주 예수 그리스도시니라"고 증거한 것은 특별한 의미를 나타낸다(롬 1:4). 여기에서 사도 바울이 말하고자 한 바는 예수님이 두 가지 일, 즉 자신의 거룩한 삶과 죽은 자 가운데서의 부활에 의하여 하나님의 아들로 인정받게 되었다는 것이다. 바울이 여기에서 예수님 안에 있는 성결의 영에 대하여 말할 때, 그는 "나의 양식은 나를 보내신 이의 뜻을 행하며 그의 일을 온전히 이루는 이것이니라"고 말한 예수님 자신의 헌신에 대한 최상의 표현으로 십자가를 받아들였다는 점을 포함하고 있었음에 틀림없다(요 4:34).

사도 요한의 증거는 다음의 말에서 잘 나타나고 있다: "너희는 거룩하신 자에게서 기름부음을 받고 모든 것을 아느니라"(요일 2:20). 거룩하신 자라는 호칭은 하나님에 대한 것일 수도 있다. 그러나 사도 요한이 예수님을 통하여 성령이 우리에게 중개되고 있는 것으로 분명히 인식하고 있다는 점으로 미루어 보아, 그 칭호가 예수님을 지칭하고 있다고 간주하는 것이 가장 적절하다.

히브리서 기자는 다음의 말에서 예수에 대한 아주 놀라운 그림을 그리고 있다: "이러한 대제사장은 우리에게 합당하니 거룩하고 악이 없고 더러움이 없고 죄인에게서 떠나 계시고 하늘보다 높이 되신 자라"(히 7:26). 여기에서 첫 번째의 지칭은 예수님의 거룩함에 대한 것인데, 그 거룩성이 바로 그를 아버지의 오른쪽에 앉힌 요인이었다는 것이다.

"거룩하고 진실하사 다윗의 열쇠를 가지신 이 곧 열면 닫을 사람이 없고 닫으면 열 사람이 없는 그이가"라고 요한이 말할 때 영이 요한으로 하여금 빌라델피아 교회에게 말하게 한 것이다(계 3:7). 역시 이 곳에서도 첫 번째 칭호는 그가 거룩하다는 것이다. 이렇듯 신약의 만장일치적 증거는 그리스도를 계시하고 해석하고 있는 성령의 증거에 의해서 최종적으로 확증되고 있다. 우리는 베드로, 바울, 히브리서 기자, 천사, 그리고 성령의 증거를 가지고 있다. 그런데 이들 모두는 예수님의 본질적이며 특이한 거룩성에 대하여 선포하고 있다. 이들 모든 증거들은 예수님이 자신에 대하여 "아버지께서 거룩하게 하사 세상에 보내신 자"(요 10:36), "저희를 위하여 내가 나를 거룩하게 하오니 이는 저희도 진리로 거룩함을 얻게 하려 함이니이다"고 한 증거와 일치한다(요 17:19). 여기에서 그는 아버지와 자기 자신의 의지에 의해서 결정된 거룩한 임무에 대하여 자신이 드려지고 있다고 말하고 있다.

예수님의 거룩성에 대한 이들 사도들의 증언들이 모두 어떤 약속 혹은 축복을 수여하는 것과 연결되어 있다. 예를 들면, 베드로의 "주는 하나님의 거룩하신 자신 줄 믿고 알았삽나이다"라고 한 고백은 "영생의 말씀이 계시매"라는 말과 연결되어 있다(요 6:69). 마리아에게 주어진 천사의 메시지는 "영원히 야곱의 집에 왕노릇 하실 것이며 그 나라가 무궁하리라"라는 위대한 예언과 연결되어 있다(눅 1:33). 예수님 안에 있는 거룩성의 열매는 "그로 말미암아 우리가 은혜와 사도의 직분을 받아 그 이름을 위하여 모든 이빙인 중에서 믿어 순종케 하나니"라고 한 사도 바울의 편지에 잘 나타나 있다(롬 1:5). 사도 요한의 서신에서 성령의 기름부으심에 대하여 언급하고 있는데 그것은 '거룩하신 자'가 이루는 일이다. 히브리서에서 예수님이 거룩한 대제사장이므로 "자기를 힘입어 하나님께 나아가는 자들을 온전히 구원하실 수 있다"고 말하고 있다(히 7:25). 계시록에서는 거룩하신 자가 인간들에게 능력과 권위의 상징인 다윗의 열쇠를 가지고 있다고 말한다. 오순절 이후에 사도 베드로가 행한 최초의 설교에서 이적과 기사가 "거룩한 종 예수의 이름으로" 이루어졌다고 말한다. 영생, 영원한 통치, 은혜, 기름부음, 온전한 구원, 영적 권위 등은 예수님의 거룩성으로 인해 수여된 축복들이 얼마나 위대한 것들인가를 말해 주고 있다. 이러한 축복들에 대하여 말할 때 사도들은 자신의 거룩성의 열매에 대한 예수의 약속들에 대하여 설명하며 확대하고 있다. 그것은 다시 말하면 성도들이 그리스도의 거룩함으로 인해 거룩해진다는 것이다. 그것이 바로 예수의 "또 저희를 위하여 내가 나를 거룩하게 하오니 이는 저희도 진리로 거룩함을 얻게 하려 함이니이다"라는 말 속에 배태되고 있는 의미다(요 17:19).

예수님의 이 말들은 복음이 가지고 있는 핵심이며, 신비이며 영광이다. 구약에서 "거룩하게 하다"는 의미는 어떤 일에 대한 사람의 헌신(렘 1:5)

과 흠 없는 제사를 위하여 드려짐(신 15:19)에 대하여 사용되고 있다. 예수님이 자신을 거룩하게 한다고 말할 때 염두에 두고 있는 바는 위의 두 번째에 해당되는 것이다. 예수님이 의미했던 바는 자신의 생애가 거의 끝나 가는 시점에서 어떤 선한 삶을 위하여 자신을 드리겠다는 것이 아니다. 예수님이 염두에 둔 것은 앞으로 올 자신의 십자가 상의 희생이다. 우리 주님이 사용한 어휘는 구약에서 사용한 어휘이지만 그가 자신을 거룩하게 한다고 말할 때 그는 그 어휘에 자신에게서 유래된 독특한 의미를 추가시킨 것이다. 구약은 그것과 상응되는 것을 가지고 있지 않다. 구약에서의 모든 희생은 다른 사람에 의해서 드려졌다. 그러나 예수님은 자신을 거룩하게 하였고 "점 없고 흠 없는 어린양" 같이 자신을 희생 제물로 드렸으므로 우리의 구원을 이룬 것이다(벧전 1:19).

다른 말로 말하면 주님 자신의 말처럼 예수님의 거룩성 안에서 우리도 거룩하게 되었다는 것이다. 바울의 논점의 모든 것은 예수님의 이러한 말들에 대한 설명과 드러냄이다. 바울의 모든 고귀한 말들은 이 진리의 일면에 대한 설명이나. 예를 들면, "죄를 알지도 못하신 자로 우리를 대신하여 죄를 삼으신 것은 우리로 하여금 저의 안에서 하나님의 의가 되게 하려 하심이니라"(고후 5:21). 예수님 자신은 인간의 구속에 대한 대가에 대하여 많은 말을 하지 않았다. 자신이 짊어질 무거운 짐에 대하여 강조하지 않음으로 주님은 자신의 품성의 놀라운 일면을 보여 주고 있다. 예수님은 우리에게 값없이 주어질 구원에만 집중하였다. 그는 그 값이 얼마나 큰지 알고 선포하는 일을 구속받은 사람들에게 위임하였다. 비록 조용하게 고난받았지만 우리는 그가 지불한 값에 대하여 알 수 있다.

포사이스는 그 사실을 다음과 같이 말하고 있다: "하나님을 만족시킨 바로 그 거룩성이 우리를 거룩하게 한다."[1] 많은 위대한 신학자들 그리고 주석가들이 이 복음의 진리를 발견하고 선포하고 있다는 사실을 안다는

것은 참으로 즐거운 일이다. 이에 대해 두 가지 예를 들어보자. 호스킨스
경(Sir Edwyn Hoskyns)은 "우리는 그리스도인들의 자유가 예수님의
삶과 죽음을 통해서 이룩한 승리 위에 기초하고 있음을 알고 있다"[2]고 했
으며, 베일리는 "그리스도인의 복된 소식은 우리에게 요구되고 있는 모든
것은 이미 다 이루어졌다는 것이다. 그런데 그것은 예수님이 죽을 때 '다
이루었다'고 말했을 때 영원히 완성되었다는 것이다. 우리의 구원은 이미
확보되었다. 우리는 다만 그것을 받아들이면 되지 얻어 내려고 노력할 필
요가 없다. 우리에게 필요한 것은 그것을 받아들이는 것이다."[3]

이와 같은 생각은 의도적인 것은 아니지만 필연적으로 위기와 결단의
자리로 우리를 이끈다. 우리가 말한 하나님의 거룩이 진리이며, 그 거룩을
우리에게 수여하여 우리가 공유하는 것이라면; 그리고 우리가 말한 예수
님의 거룩이 진리이며, 십자가상에서 최종적으로 나타난 그의 거룩이 마
침내 죄의 비극과 장벽을 허물어 버렸고 그리스도를 통하여 하나님의 거룩
이 인간에게 중재되는 것이라면, 우리는 필연적으로 진리를 믿으며 하나
님의 값없는 완전한 구원의 선물을 받아들여야 한다는 도전에 직면하게
된다. 우리는 훨씬 더 많은 성경의 증거들에 대하여 논의할 수 있다. 그러
나 우리가 그 증거들을 일일이 살펴보기 전에 먼저 믿음의 손을 내밀어야
한다.

구원은 성경의 모든 증거들을 다 고려한 후에 어떤 논리적 결론의 결과
에 의해서 우리에게 주어지는 것이 아니다. 그것은 우리가 어떤 위대한
선포에 부딪치게 되고, 그것이 진리이며 성경의 다른 부분과 상치되지 않
는 다는 사실을 믿게 될 때 우리에게 주어진다. 성령의 강권으로 우리는

---

1 *The Work of Christ*, p. 222.
2 『신약의 난제』(The Riddle of the New Testament), p. 175.
3 *Invitation to Pilgrimage*, p. 50.

계시된 말씀을 받아들이며 우리의 마음이 열려 그 복을 받아들이게 된다. 이 말 외에 우리가 더 할 말이 있다면 그것은 믿음으로 받아들이기 위한 안내와 도움의 말일 것이다. 그러나 우리는 그러한 것에 대하여도 신경쓸 필요가 없다. 만일 하나님과 예수님의 거룩이 진리라면 우리를 향한 하나님의 부르심에 따라 그것을 지금 믿어야 하기 때문이다. 하나님의 주시는 바는 항상 현재적이다. 동생 찰스에게 보내는 편지에서 존 웨슬리는 우리가 선포할 때 사람들이 그 복을 받아들이게 될 것을 기대해야 한다고 말했다. 그는 당신이 지금 이 글을 읽을 때 이 복을 기대해야 한다고 말할지도 모른다. 이 순간 우리의 마음을 열고 그리스도의 거룩을 통하여 우리에게 부어 주시는 하나님의 거룩 바로 그것을 받아들이자.

> 당신 자신의 노력이 아닌―
>   예수님을 믿음으로 말미암는 거룩일세
> 오직 은혜의 능력만이―
>   죄의 권세와 그 쇠사슬을 분쇄하네
> 당신 속에 하나님의 거룩이 임하면
>   당신의 얼굴에 하나님의 아름다움 빛나리―
> 이것은 당신의 순례의 길을 비치는 빛,
>   지금 당신의 복된 소유가 되겠네.
>
>   (프란시스 해버걸)

4

성도와 완전 성결

영어 성경에는 '거룩한'(holy), '성결케 되다'(sanctified), '성도'(saint) 등의 어휘들이 있다. 그러므로 사람들이 각 어휘가 서로 다른 의미를 담고 있는 것처럼 생각하는 것이 아주 당연하다. 그러나 실상은 각 어휘는 사용되는 상황에 따라 추가적인 의미가 주어지지 않는다면 아주 똑같은 의미를 가지고 있다. 불필요한 혼돈을 피하기 위해 어원학적 도움이 필요하다. 히브리어에는 '거룩'이라는 어휘의 어근이 있다. 그 어근에서 동사, 명사, 형용사 등이 파생되는데 그것은 '카도쉬'(qadosh)이다. 이것은 영어로 번역될 때 그대로 사용되기도 한다. 예를 들면, 가데스 바네아(Kadesh-barnea; 민 32:8)와 카데스(Kadesh; 민 20:14) 등이다. 이 어근은 헬라어로 된 구약인 70인역에서 '하기오스'(hagios—형용사) 로 번역되었고, 바로 이 헬라어 어근이 신약에서 '거룩'이라는 어휘에 사용되었다. 그러므로 하나의 히브리어 어근이 헬라어 어근으로 번역되었음을 우리는 알게 되었다. 그리고 이 어휘가 영어로 번역되는 과정에서 현대 영어가 고전 영어, 라틴어, 프랑스어, 그리고 헬라어 등의 영향을 받아 우리에게 전해지면서 여러 가지의 어휘들을 가지게 되었다.

'성결케 되다'는 어휘는 '거룩한'의 의미를 가진 라틴어 '생투스'(santus)로부터 유래되었고 '성도'는 프랑스어에서 유래되었다. '거룩한'은 고전 영어에서 사용된 말이다. 그러므로 우리가 '성결케 되다,' '성도' 혹은 '거룩한'이라는 어휘들에 접하면 라틴어, 프랑스어, 그리고 고전 영어로부터 유래된 어휘들임을 알아야 한다. 그런데 각 어휘들은 헬라어 어근 '하기오스' 또는 히브리어 어근 '카도쉬'의 번역이다. 신약에서 '성도'가 '성결케 되다' 보다 더 높은 은혜의 상태를 뜻하지 않으며, 마찬가지로 '성결케 되다'는 '거룩한'보다 더 월등하지 않다. 이들 세 어휘들은 같은 의미를 가지고 있다. 만일 의미의 차이가 있다면 그것은 상황에 의해서 생겨난 것이다. 만약 더 높은 차원의 상태를 표현할 필요가 있다면 이들 세 개의 어휘에 다른 수식적인 말들을 덧붙이면 된다. 예를 들면, 완전 성결, 흠 없는 거룩, 온전하게 성결케 되었다 등이다.

기독교인들은 거룩한 사람들, 성결한 사람들, 또는 성도들로 불리고 있다. 또한 그리스도인들은 신실한 자들, 또는 형제들이라고 한다(엡 1:1). 그러면 신약 성경에서 누가 거룩한 자이며, 성도이며, 성결케 된 자들인가? 머리 속에 떠오르는 대답은 아마도 특별한 도덕적 품성과 영적 품성을 지닌 영적으로 거듭난 사람들일 것이다. 물론 그 대답은 정확하지만 전부는 아니다. 성도는 그리스도와 하나님께 속한 사람이다. 성도는 그리스도와 하나님 나라의 일원이다. 같은 맥락에서 '성도'라는 용어는 그리스도의 재림과 직결시켜 두드러지게 사용되고 있다. 바울은 "우리 주 예수께서 그의 모든 성도와 함께 강림하실 때에"라고 말한다(살전 3:13). 또한 '성도들'은 부르심을 받고, 택함을 받고 "하나님의 사랑하심을 입은" 사람들이다 (롬 1:7).

이러한 사실은 구약의 사랑스런 구절에서도 설명되고 있다: "너희는 내게 거룩할지어다. 이는 나 여호와가 거룩하고 내가 또 너희로 나의 소유를 삼으려고 너희를 만민 중에서 구별하였음이니라"(레 20:26). 바로 이 사실이 거룩에 있어서 가장 본질적인 내용이다. 즉 너희들이 나에게 구별되어 나의 소유가 되었다는 것이다. 성도는 하나님께 속한 사람이다. 그러기에 그는 부르심을 받고, 구별되고, 초자연적인 표지를 보이고 있다. 하나님을 떠나서도 사람은 어느 정도로는 선량할 수 있지만 하나님을 떠나서는 성도가 될 수 없다. 성도들은 "택하신 족속이요, 왕 같은 제사장들이요, 거룩한 나라요, 그의 소유된 백성"이다(벧전 2:9). 성도의 본질적 요소는 그가 하나님과 그리스도에게 속했으며 또한 교통하고 있다는 점이다. 이 일에는 필연적으로 도덕적 본질의 변화가 요구된다.

우리가 개신교의 역사를 보면, 종교 개혁 시점부터 그리스도가 사람들에게 가져다 주는 구원의 성격에 있어서 두 종류의 사조가 평행선을 긋고 지금까지 흘러오고 있음을 안다. 하나는 그리스도의 구원이 사람에게 죄에 대한 승리를 안겨다 주었기 때문에 죄를 지을 필요는 없지만, 죽음의 일면인 마음의 불결과 오염에서는 아직 탈피하지 못했다는 주장이다. 다른 하나는 그리스도의 구원이 죄의 행위로부터 사람을 건져내었을 뿐만 아니라 마음의 불결과 오염으로부터도 건져내었다는 주장이다. 그 구원은 사람에게 정결한 마음을 주었다는 것이다. 그것은 완전한 구원이다.

전자의 입장은 후자의 입장보다 더 광범위하게 지지받고 있다. 그리스도가 죄의 행위로부터 구원한다는 믿음에 큰 영향을 끼친 신앙 고백서는 1643년에 제정되었고, 1647년에 스코틀랜드 교회에서 채택한, 그리고 1648년 약간의 수정을 거쳐 의회(Long Parliament)에서 인준된 웨스트민스터 신앙 고백서이다. 이 고백서는 철저한 칼빈주의적 입장의 문서로 지나간 삼 세기 동안 사람들이 전하는 완전한 구원에 대한 어떠한 메시지에 대하여도 강렬하게 소리 높여 반대해온 문서이다. 이 주제에 대하여 이 고백서는 "하나님이 죄인을 회심시켜 은혜의 상태로 변경시킬 때 하나님은 죄인을 죄 아래에서의 본성적 굴레로부터 자유케 한다. 그리고 은혜만이 죄인으로 하여금 영적으로 선한 일을 자유롭게 행할 수 있게 한다. 그럼에도 불구하고 자신에게 남아있는 부패성으로 인하여 선한 것을 완전하게 혹은 선한 것만을 행하지 못하고 악한 것을 역시 행하기도 한다. 인

간의 의지는 영광의 상태에서만 선한 것을 행하도록 불변하며 완전하게
자유로워진다."

　다른 하나는 그리스도의 구원은 '남아있는 부패성'을 제거할 수 있다는
주장을 따른다. 저명한 퀘이커 철학자인 루프스 존스(Rufus M. Jones)
는 그 주장이야말로 참 종교 개혁을 진전시키는 것이며 다른 가르침은 그
교리와 연관되어 있다고 주장한다. 감리교가 생긴 이래로 지금까지 완전
구원의 메시지에 대하여 강력하게 증거해 왔다. 이에 대하여 웨슬리는 "이
교리는 감리교인이라고 하는 사람들에게 하나님께서 위임하신 위대한 자
산이다. 그리고 이것을 주로 전하게 하기 위하여 하나님께서 우리를 일으
키신 것이라고 믿는다"1)고 말하였다. 지나간 반세기 동안 클립대학과 사
우스포트 연회는 이 진리를 주장하는데 심혈을 기울여 왔다.

　우리가 주장하는 바는 다음의 세 가지 입장을 토대로 한다: (1) 인간의
본성은 완전하게 구속받을 수 있다, (2) 죄에 대한 이러한 승리의 양상은
현재적이다, (3) 하나님의 일차적 사역은 그것의 완성을 보장한다. 우리
가 여기에서 목적하는 바는 그리스도의 구원은 '남아있는 부패'를 남겨 놓
을 필요가 없으며 오히려 생각이 온전히 새로워지고 하나님의 사랑으로
가득 찬 마음을 주신다는 믿음에 대한 신약의 증거를 찾아보고자 하는 것
이다. 이런 믿음은 서로 다른 해석이 가능하다. 그러므로 그 메시지의 신
빙성을 높이기 위하여 성경의 여러 곳에서 그 증거를 찾을 것이다. 그것은
성경의 전체 대의에 그리고 서로 혼합하여 이 놀라운 구속의 은총을 선포
하는 여러 가지의 개념들에 기초하고 있다.

　예를 들면, 웨슬리의 설교자 중 한 사람이 자기는 "네 입을 크게 열라.
내가 채우리라"고 한 성경을 읽을 때 이 복을 받았다고 말하였다(시

---

1 *Letters*, Ⅷ, p. 238.

81:10). 아마도 위의 말씀으로부터 완전한 구원에 대한 개념을 유추할 필요가 없다고 말하는 것이 올바를 것이다. 설혹 그렇게 말한다 해도 아무런 근거 없이 그 말씀이 그러한 메시지를 담고 있다고 주장하는 것은 아니다. 하나님이 다윗이 던진 작은 돌을 사용하여 골리앗을 죽였던 것처럼 성령이 사용하여 복을 주시는 성경의 본문들이 있다. 신약 성경에 나오는 열 가지 정도의 언급, 상황 내지 상징들을 합하면 완전 구원은 이 세상에서 신자들에게 가능하며 또한 기대해도 된다는 저항할 수 없는 성경적 증거를 가지고 있는 샘이 된다. 우리는 여기에서 그것이 어떻게 또는 언제 경험할 수 있는가에 관심을 가지지 않고, 다만 그것이 우리의 삶 속에서 경험 가능한 진리라는 점에 관심을 가진다. 우리는 다음에서 열 가지 점을 열거하면서 간략하게 하나 하나에 대하여 설명하고자 한다.

(1) 사도 바울은 고린도 교회 안에 영적인 사람과 육신적인 사람이 있다고 말한다. "형제들아 내가 신령한 자들을 대함과 너희에게 말할 수 없어서 육신에 속한 자 곧 그리스도 안에서 어린 아이들을 대함과 같이 하노라"(고전 3:1). 이와 비슷하게 고린도전서 2장에서 바울은 어떤 사람들은 완전하나 어떤 사람들은 그렇지 못하다고 하였다. 이러한 언급들은 우리의 삶 속에서 어떤 사람들은 경험할 수 있으나 어떤 사람들은 경험하지 못할 수도 있는 영적 혹은 완전한 은혜의 상태에 대하여 말하고 있다.

(2) 신자의 완전 성결은 사도적 사역과 설교의 목적으로서 언급되고 있다. 그래서 바울은 "그가 혹은 사도로, 혹은 선지자로, 혹은 복음 전하는 자로, 혹은 목사와 교사로 주셨으니, 이는 성도를 온전케 하며, 봉사의 일을 하게 하며, 그리스도의 몸을 세우려 하심이라. 우리가 다 하나님의 아들을 믿는 것과 아는 일에 하나가 되어 온전한 사람을 이루어 그리스도의 장성한 분량이 충만한 데까지 이르리니"라고 말하고 있다(엡 4:11-13). 이 귀한 구절이 단계적으로 말하고 있는 바는 성도를 온전케 하며, 장성한

사람이 되어, 그리스도의 분량에 이르게 된다는 것이다. 과연 이 말씀은 신자들의 삶 속에 하나의 놀라운 이상적 목표가 있으며, 교회의 지도자들의 주된 임무는 신자들이 그것에 도달하도록 하여야 하는 것임을 소리 높여 선포하고 있지 않은가? 그러기에 바울은 그리스도의 일꾼의 할 일은 "각 사람을 그리스도 안에서 완전한 자로 세우려 함이니"라고 말한다(골 1:28). 그리고 자기 자신은 "주야로 심히 간구함은 너희 얼굴을 보고 너희 믿음의 부족함을 온전케 하려 함이라"고 말한다(살전 3:10). 모든 교회들이 에바브라와 같은 지도자가 있어 "항상 너희를 위하여 애써 기도하여 너희로 하나님의 모든 뜻 가운데서 완전하고 확신 있게 서기를 구한 것"이 아니겠는가!(골 4:12) 그렇다면 이 얼마나 놀라운 자원인가? 교회의 지도자들의 사역이 전도하여 멸망에서 구원하는 것이라고 생각할 수 있다. 그러나 당신은 온전히 성결케 된 교회를 통하여 이 세상을 전도할 수 있다는 사실을 인정해야 한다. 그러기에 사도들의 제 일차적 사역의 목표는 성도들을 온전케 하는 것이다.

(3) 신약은 하나님이 죄를 다루실 때 결정적으로 철저하게 다룬다는 사실을 밝히고 있다. 그것은 결코 서툰 미봉책이 아니다. 그 예는 너무나 많다. 다음의 사도 바울의 말을 생각해 보자: "너희도 그 안에서 충만하여졌으니 그는 모든 정사와 권세의 머리시라. 또 그 안에서 너희가 손으로 하지 아니한 할례를 받았으니, 곧 육적 몸을 벗는 것이요, 그리스도의 할례니라. 너희가 세례로 그리스도와 함께 장사한 바 되고 또 죽은 자들 가운데서 그를 일으키신 하나님의 역사를 믿음으로 말미암아 그 안에서 함께 일으키심을 받았느니라"(골 2:10-12). 손으로 하지 아니한 그리스도 안에서의 영적 할례는 극적이며 난폭성까지 띤 상징이다. 그것은 죄로부터의 완전한 분리를 의미한다. 사도 바울이 로마서 6 장에서 죄로부터의 해방을 그리기 위하여 사용하고 있는 어휘들은 다음과 같이 참으로 다양하

다: 세례를 통하여 그의 장사지냄과 연합한 자가 되었다, 우리의 옛 사람이 그와 함께 십자가에 못 박힌 자 되었다, 죄의 몸이 멸하였다, 죄에 대하여 죽었다, 죄에게서 놓임을 받았다. 호스킨스 경은 "신약 전체는 죄로부터의 자유라는 생각으로 연결되어 있다"[2]고 말한다. 사도 바울이 "죄의 몸이 멸하여"라고 말할 때 '멸하여'라는 말의 의미를 지나치게 강조할 필요가 없었다(롬 6:6). 그는 그 말을 서로 다른 의미를 내포하면서 25회 정도 사용하였다. 바울은 그 곳에서 문자적으로 '멸망'의 의미를 가지고 사용하였다고 나는 생각한다. 그가 "그 수건은 그리스도 안에서 없어질 것이라"(고후 3:14), 또는 "맨 나중에 멸망 받을 원수는 사망이니라"(고전 15:26)고 언급할 때의 의미와 같을 것이다. 사도 바울이 위에서 죄의 몸의 종말을 선언하고 있다고 나는 강하게 느끼고 있는데, 그것은 이 구절 하나에만 기초한 것이 아니고 여러 구절을 복합적으로 고려한 결과에 의한 것이다. 사도 요한은 "예수의 피가 우리를 모든 죄에서 깨끗하게 하실 것이요"(요일 1:9), 그리고 "하나님의 아들이 나타나신 것은 이는 마귀의 일을 멸하려 하심이니라"고 증거하였다(요일 3:8). 이 구절들과 함께 다른 여러 본문은 예수님이 "죄를 범하는 자마다 죄의 종이라....그러므로 아들이 너희를 자유케 하면 너희가 참으로 자유하리라"고 한 말씀을 자세히 설명하고 있다(요 8:34- 36). 어떤 찬송가에서 예수님이 오신 것은 "죄를 끝내며 사단의 일을 멸망시키려 함일세"라고 한 것은 참으로 옳다.

　(4) 신약은 신자들이 하나님의 형상 혹은 예수님의 형상을 회복하였다고 말한다. 이 사실은 당연히 모든 죄로부터 분리의 의미를 내포하고 있다. 사도 바울은 "우리가 다 수건을 벗은 얼굴로 거울을 보는 것 같이 주의 영광을 보매 저와 같은 형상으로 화하여 영광으로 영광에 이르니 곧 주의

---

2 *The Riddle of the New Testament*, p. 175.

영으로 말미암음이니라"고 말한다(고후 3:18). 그와 같이 바울은 하나님의 목적이 우리가 "그 아들의 형상을 본받게 하려 하심이니라"고 밝히고 있다(롬 8:29). 그가 이 말을 할 때, 분명히 그는 "하나님께서 자기의 형상대로 사람을 창조하시니라"고 한 성경의 첫 장의 말을 염두에 두었을 것이다. 아담의 범죄를 인하여 훼손된 하나님의 형상이 이제 그리스도 안에서 회복되었다.

(5) 신의 성품이 충만하게 거함으로 죄가 있을 곳이 없다는 아주 놀라운 약속들이 있다: "지식에 넘치는 그리스도의 사랑을 알아 그 넓이와 길이와 높이와 깊이가 어떠함을 깨달아 하나님의 모든 충만하신 것으로 너희에게 충만하게 하시기를 구하노라"(엡 3:19); "그 안에는 신성의 모든 충만이 육체로 거하시고 너희도 그 안에서 충만하여졌으니"(골 2:9-10); "우리가 다 그의 충만한데서 받으니 은혜 위에 은혜러라"(요 1:16). 이 약속들은 참으로 우리의 마음을 설레게 하는 영광스러운 약속들이다.

> 오, 주여, 당신의 충만함으로 나를 채우소서.
> 그리하여 내 마음이 흘러 넘치게 하옵소서.

(6) 데살로니가전서에는 온전하고 완전한 은혜의 역사를 선포하는 두 구절이 있다. 그 하나는 3장 10절부터 13절이다: "너희 믿음의 부족함을 온전케 하려 함이라....너희 마음을 굳게 하시고 우리 주 예수께서 그의 모든 성도와 함께 강림하실 때에 하나님 우리 아버지 앞에서 거룩함에 흠이 없게 하시기를 원하노라." 또 다른 하나는 5장 23절과 24절이다: "평강의 하나님이 친히 너희로 온전히 거룩하게 하시고, 또 너희 온 영과 혼과 몸이 우리 주 예수 그리스도 강림하실 때에 흠 없게 보전되기를 원하노라 너희를 부르시는 이는 미쁘시니 그가 또한 이루시리라." 여기에서 말하는

바는 거룩의 완전성이다. 즉 온전케 하다(perfected), 온전히 거룩하게 하다(wholly sanctified), 흠 없게 완전히 보전되다(preserved entire, without blame), 하나님의 이루심(work of God) 등이다. 데살로니가전서에 대한 『모펫 신약 주석』에서 네일은 사도 바울의 사역에 대하여 "사역의 특성은 본질적으로는 복음 전파에 있다; 그와 유사한 현대의 사역은 웨슬리, 무디(Moody), 생키(Sankey) 등의 복음 전도일 것이다"고 말한다. 하나님의 은혜의 완전한 역사에 대한 위의 두 기념비적 언급이 복음 전파의 사역 중에 나와야만 했다는 점은 영적인 차원에서 볼 때 아주 시기 적절한 것이다.

(7) 요한일서에는 사랑이 우리 안에서 온전하게 되었다고 하는 언급이 세 번 나온다. 사도 바울은 우리가 믿음으로 의롭게 되었을 때 "우리에게 주신 성령으로 말미암아 하나님의 사랑이 우리 마음에 부은 바 되었다"고 말한다(롬 5:6). 사도 요한은 "하나님이 우리를 사랑하시는 사랑을 우리가 알고 믿었노니 하나님은 사랑이시라. 사랑 안에 거하는 자는 하나님 안에 거하고 하나님도 그 안에 거하시느니라. 이로써 사랑이 우리에게 온전히 이룬 것은 우리로 심판 날에 담대함을 가지게 하려 함이니"라고 말한다(요일 4:16-17). 물론 여기서는 완전한 성결 혹은 그리스도인의 완전의 주제 중의 하나인 '온전한 사랑'의 근원을 밝히고 있다. 온전하게 된 사랑은 죄가 거할 곳을 남겨 둘 수 없다. 그러므로 웨슬리는 완전 성결에 대하여 '죄를 배제한 사랑'으로 정의를 내리고 있다.

(8) 그리스도의 재림 시에 신자들은 흠 없이 온전히 성결케 되어 그를 만나게 된다. 이 말은 그리스도의 재림에 의해서 신자들이 온전하게 된다는 말이 아니라, 언제 오실지 모르는 그를 만날 준비로서 그 같은 경험을 지금 해야 된다는 말이다. "이와 같이 그리스도도 많은 사람의 죄를 담당하시려고 단번에 드리신 바 되셨고, 구원에 이르게 하기 위하여 죄와 상관없

이 자기를 바라는 자들에게 두 번째 나타나시리라"(히 9:28). 사도 바울도 위와 비슷한 말을 디도에게 하였다: "복스러운 소망과 우리의 크신 하나님 구주 예수 그리스도의 영광이 나타나심을 기다리게 하셨으니, 그가 우리를 대신하여 자신을 주심은 모든 불법에서 우리를 구속하시고 우리를 깨끗하게 하사 선한 일에 열심하는 친 백성이 되게 하려 하심이니라"(딛 2:13-14). 바울은 조용하면서도 가슴을 울리는 말로 빌립보 교인들에게 "너희 속에 착한 일을 시작하신 이가 그리스도 예수의 날까지 이루실 줄을 우리가 확신하노라"고 썼다(빌 1:6). 이런 구절들은 어떤 특별한 뜻을 내포하고 있는 것이 아니라, 다만 신자들은 주님을 만날 준비를 하기 위하여 완전히 성결되어야 할 것을 권면하고 있다는 역사적 사실에 대한 기술이다. 주님이 재림하실 때 살아 있는 성도들의 몸이 변화될 것이다: "오직 우리의 시민권은 하늘에 있는지라. 거기로서 구원하는 자 곧 주 예수 그리스도를 기다리노니 그가 만물을 자기에게 복종케 하실 수 있는 자의 역사로 우리의 낮은 몸을 자기 영광의 몸의 형체와 같이 변케 하시리라"(빌 3:20-21). 성도들의 영혼은 "예수 그리스도의 몸을 단번에 드리심으로 말미암아" 지금 정결케 될 수 있다(히 10:10). 예수님이 기대하지 않던 순간에 다시 오실 때, 지금 정결케 된 것을 확인하기 위하여 우리를 부르실 것이다.

(9) 신약에는 신자가 죽을 때까지 죄가 그 안에 머물러야 한다는 말이 없다. 지금 여기에서 우리가 죄로부터 완전하게 분리되었다고 말하거나 아니면 그렇게 의미하는 많은 본문이 있는 반면, 신자가 살아있는 한 죄는 늘 붙어 다닌다고 한 본문은 한 군데도 찾아볼 수 없다. 그러나 그렇게 해석하도록 강요당하고 있는 본문이 두 곳 있다. 첫 번째 본문은 "육체의 소욕은 성령을 거스리고 성령의 소욕은 육체를 거스리나니 이 둘이 서로 대적함으로 너희의 원하는 것을 하지 못하게 하려 함이니라"이다(갈 5:17). 그러나 여기에서 바울은 침윤에 빠져 들어간 사람을 말하고 있다.

그는 바로 전에 "너희가 달음질을 잘 하더니 누가 너희를 막아 진리를 순종치 않게 하더냐"고 말하였다(갈 5:7). 더욱이 바울은 그리스도 안에 있는 사람은 육신에 있지 않다고 말한 바 있다(롬 8:9). 신자들은 물리적으로 육체 안에 있지만 악의 원리 즉 육신[혹은 육체]으로부터 벗어났다. 또한 바울은 그 단원이 끝나는 곳에서 "그리스도 예수의 사람들은 육체와 함께 그 정과 욕심을 십자가에 못 박았느니라"고 말하였다(갈 5:24). 그러므로 위의 본문은 신자가 죽을 때까지 악의 원리인 육신이 계속해서 머물러 있다는 주장을 뒷받침하기 위하여 사용될 수 없다.

두 번째 본문은 "만일 우리가 죄 없다 하면 스스로 속이고 또 진리가 우리 속에 있지 아니할 것이요"이다(요일 1:8). 여기에서 사도 요한은 분명 오늘날 크리스천 싸이언스(Christian Science) 신봉자들이 주장하는 것처럼 죄와 같은 것은 존재하지 않는다고 주장하는 영지주의자들에게 말하였을 것이다. 그것은 그리스도의 속죄를 필요로 하고 있는 죄의 보편성에 대한 언급이다. 신자 안에 있는 성령과 육체 사이에 존재하는 끊임없는 갈등에 대하여 오스왈드 챔버(Oswald Chamber)는 다음과 같이 말한다: "신자 안에 있는 성령은 옛 성품과 싸운다. 새 성품과 옛 성품이 서로 싸운다는 말이다. 하나님께서 나를 위하여 하실 수 있는 모든 것은 나의 삶의 단일성을 파괴시켜 나로 하여금 양분된 인격을 갖게 하며, 또한 죄의 식에 시달리며 살게 하는 것이란 말인가? 만일 그러한 것이 하나님께서 하실 수 있는 모든 것이라면 나는 차라리 불신자로 살겠다. 그러나 그러한 것이 단지 완전으로 향하는 단계에 지나지 않는다면 그것은 별개의 문제이다." 죄가 하늘에서는 완전히 제거되었는데 지상에서는 필연적이라는 식의 상반되는 개념은 신약의 개념이 아니다. 그와 반대로 어떤 찬송가는 다음과 같이 읊고 있다:

은혜의 사람들은 이 땅에서 시작된
영광을 발견한 사람들이다.

완전 성결을 경험한 성도들은 사람이 성령으로 태어날 때 부패의 잔재라고 할 수 있는 그 무엇이 남아 있고, 그것은 다른 차원의 믿음의 행위를 통하여 제거된다고 말한다. 그것을 나도 믿는다. 그와 동시에, 그러한 그 무엇이 제거될 수 있는 반면 그래도 남아 있는 또 다른 그 무엇이 있다는 사실을 인정해야 한다. 죄로부터 구속받은 영혼은 아직도 인간이며, 멸망당하며, 죽음을 당하며, 유혹에 노출되며, 죄가 언제나 문밖에서 호시 탐탐 노리며, 죄악된 세상에 살며, 훈련을 필요로 하며, 기계처럼 움직이지 않는다. 바울은 완전하게 성결한 사람에 대하여 "영으로써 몸의 행실을 죽이면 살리니"라고 말한다(롬 8:13). 이 말에 대하여 돈턴(L. S. Thornton)은 "이것은 이미 죽었다고 하는 주장과 상충되는 역설이다"고 말한다.[3] 그러기에 로마서 6장에서도 사도 바울은 "이제는 너희 지체를 의에게 종으로 드려 거룩함에 이르라"고 말할 필요가 있었다(롬 6:19). 우리에게는 그리스도의 구속의 사역에 의존하며 지속적으로 훈련받는 것이 필요하다.

포프(W. B. Pope)는 이같은 상황에 대하여 다음과 같이 말한다: "우리는 두 번째 아담 안에 있는 사람들의 특권으로서 첫 번째 아담으로부터 완전히 분리되었다고 하는 말을 찾아 볼 수 없다. 완전히 성결케 된 신자들도 그리스도 안에서 그리스도와 늘 교제함으로 점이나 흠이 없게 되지만, 반면 아담 안에서 아담과 교제 할 때는 다른 죄인들처럼 죄인일 수밖에 없다."[4] 죄인이라고 표현한 포프 박사 말을 어떤 사람들은 좋아하지

---

3 『그리스도의 몸 안에서의 공통적인 삶』(The Common Life in the Body of Christ), p. 135.

4 『개요서』(A Compendium), III. 59.

않을 수 있다. 그러나 그는 그 어휘를 단축된 의미로 사용하고 있다. 신자가 실제로 죄를 짓는다든지 아니면 신자 안에 죄가 있다는 의미가 아니라 단지 죄성의 줄기에서 나온 가지라는 의미에서 그는 그 어휘를 사용하였을 것이다. 그렇지만 가장 성숙한 그리스도인의 삶 속에서도 그와 같은 인간으로서의 결함이 나타난다. 완전 성결을 부인하는 사람들은 우리에게 남아 있는 완전하지 못한 요소와 결함을 죄악된 부패성으로 여기는 과오를 범하고 있는 듯하다. 나는 그러한 것들을 그렇게 여길 수 없다고 생각한다. 우리는 가장 높은 은혜의 상태에 있다 하더라도 아직은 주님의 충만한 영광에 미치지 못하고 있다는 사실을 기억해야만 한다.

(10) 우리의 구원에 있어서 하나님 아버지의 시작, 아들의 성육신, 성령의 내주라는 삼위의 역사는 모든 죄로부터의 구원을 요구하며 보증한다. 완전한 구원보다 못한 어떤 것도 성부, 성자, 성령의 능력 있는 구속의 행위에 전적으로 부적격하게 보인다. 성경은 아버지의 구원의 시작에 대하여 아주 강조하고 있다. 에스겔, 바울, 히브리서 기자 등 모두는 이와 같은 은혜의 사역을 강조하고 있다. "나 여호와가 말하였으니 이루리라" (겔 36:36). 모세도 하나님을 향하여 "주와 같이 거룩함에 영광스러우며, 찬송할만한 위엄이 있으며, 기이한 일을 행하는 자 누구니이까"라고 말하고 있다(출 15:11). 하나님께서 하실 수 있는 가장 위대한 일은 내 영혼 속에 있는 죄의 독소를 없애버리는 것이 아닌가?

그래서 헨리 베트(Henry Bett)는 이렇게 말한다: "하나님의 은혜는 사람들의 삶을 전적으로 변화시키는 기적을 이룰 수 있지만, 그 변화의 마지막 영광을 보기 전에 우리는 항상 실패할 수밖에 없다는 사실을 믿어야 하는가? 왜 마지막 단계에서 그것은 실패로 끝나야 하는가?"5) 성육신

---

5 『감리교 정신』(The Spirit of Methodism), p. 167.

의 사건과 하나님의 아들이 십자가에 달리는 특이한 사건이 엄청난 사건이라면 그것이 이루는 결과는 단지 죄를 지적하고 그 힘을 약화시키는 것 이상으로 더 위대한 것이어야 한다. 죄로부터의 완전한 구원 이하의 어떤 것도 그것을 이루려는 의도에 상응하지 못한다. 여기에서 그리고 지금 완전한 구원이 가능하다는 것을 우리가 부인하면 성령의 사역을 격하시키는 것이 아닌가? 다음과 같이 기도하여 그분께 존귀를 돌리자: "당신의 성령의 감동으로 우리의 생각을 정결케 하옵소서. 그리하여 우리가 당신을 완전하게 사랑하고, 당신의 거룩한 이름을 널리 퍼지게 하옵소서." 성경은 삼위 중 한 분 한 분이 사람을 죄의 굴레에서 구원하기 위하여 최상의 것을 베풀었다는 사실을 밝히고 있다. 그러므로 모든 죄로부터의 완전한 구원 이하의 어떤 것도 기대할 수 없다.

> *죄의 더러움으로 얼룩진 죄인들이 정결케 되어,*
> *주님과 교제할 수 있게 되었네;*
> *주님께 가까이 가서 그처럼 변하는 것,*
> *그들이 받을 놀라운 상급일세.*

　　이들 열 가지 요소들은 완전 성결에 대한 믿음을 위하여 성경에서 우리에게 제시하고 있는 기초를 잘 나타내 주고 있다. 그것들은 계시나, 선포 등과 같은 이론들로써 논의되어야 하는 것보다는 믿어야 하는 것들이다. 지금 우리의 관심은 그것이 언제 어떻게 경험되어질 수 있는가에 있지 않고, 다만 그것은 경험되어질 수 있다는 사실에 있다. 이 세상에서 완전 성결이 가능하다는 생각에 대하여 의구심을 품는 사람들이 있다. 반면 우리에게는 우리 시대의 가장 위대한 철학자요 신학자 중 한 사람인 테일러(A. E. Taylor)의 다음과 같은 소리가 있다: "만일 우리의 생이 실패가 아닌 바에야, 그 완성이 현재에 실현될 수 없고 다만 미래의 완성을 위해 전진하는 것이라고 한다면 그것은 도덕적 삶에 대하여 적절한 표현이 될 수 없다....우리가 경험할 수 있는 그 무엇이 현실적으로 실현될 수 없는 하나의 과정이어서는 안 된다. 그 과정 중의 각 단계에서 경험할 수 있는 바가 '아직 선하지 않고 단지 더 나을 뿐이다'는 것이 우리가 말할 수 있는 최상의 것이 되어서는 안 된다. 우리에게는 더 나을 것이 없는 영원한 선이라는 결실을 실질적으로 맺을 수 있다는 생각이 들어야 한다."6) 위의 말은 완전 성결에 대한 신약의 메시지를 철학적으로 충분하게 정당화시키고 있다.

---

6 『한 도덕가의 믿음』(The Faith of a Moralist), I. 100.

5

완전의 개념

완전(Perfection)이라는 단어는 성경 전체에 아주 자주 나타나는 어휘이다. 그것은 기독교회의 오랜 역사 속에 지속적으로 나타난 어휘이다. 그것은 경건의 삶에 있어서 중요한 부분을 차지했을 뿐만 아니라 신학자들 간에 많은 논란을 야기시키기도 했다. 기독교 역사 속에서 위대한 일들을 이룩하기도 했으며, 그 반대로 나쁜 경험을 가졌던 수도원 운동의 창시자 중 한 사람인 성 안토니(St. Anthony)는 270년 경 예수님의 다음의 말씀에 사로잡히게 되었다: "네가 온전하고자 할진대 가서 네 소유를 팔아 가난한 자들을 주라. 그리하면 하늘에서 보화기 네게 있으리라. 그리고 와서 나를 좇으라"(마 19:21). 그것은 매력적이며 도전적인 말이다. 우리는 완전한 저녁이나 완전한 장미 등은 즐기지만, 완전한 영혼 혹은 완전한 도덕적 본성 등에 대하여 말하면 우리의 소심한 마음은 그것이 우리에게 강렬하게 호소하는 경우에도 그 생각의 가능성으로 인해서 움츠러드는 경향이 있다.

이 어휘에 대한 비판은 기독자의 완전의 메시지에 대하여 동의하지 않는 사람들에게만 제한되어 있지 않다. 이 교훈을 사랑하는 사람들도 이 어휘 안에 있는 어려움과 위험성을 알고 있다. 웨슬리 자신도 1756년에 이렇게 기록하였다; "나는 그 어휘에 대하여 특별한 애정을 가지고 있지 않다. 그것은 나의 설교와 글들 속에 자주 나타나지 않는다; …그러나 그것이 *성경에 나오는 어휘*라는 사실은 부인 할 수 없다."[1] 사무엘 채드윅의

판단은 다음과 같다: "사람이 자기는 완전하다고 말할 것은 아니다. 그 교리는 성경적이며 그에 대한 방어도 확고하다. 그러나 완전과 관련지어 그것을 경험했다고 선언하는 것은 바람직하지 못하다; …그렇지만 그 경험은 고백 없이는 유지될 수 없다. 이 어휘는 불편한 어휘일지 모르나, 그 꼬리표가 받아들여지지 않기 때문에 그 실제마저도 부인되어서는 안 된다."

사우스포트 연회의 초창기에 존 브래쉬(John Brash)라는 아주 능력 있고 지혜로운 설교자가 있었다. 1890년에 행한 그의 말은 오늘날에도 인용될 가치가 있다: "반율법주의에 대한 두려움이 어떤 설교자들로 하여금 칭의 교리에 대하여 두려움 없이 온전하게 선포하는데 움츠러들게 한 반면, 완전주의에 대한 두려움(또는 완전주의자라는 비판에 대한 두려움)은 어떤 사람들로 하여금 모든 불의를 정결케 하는 그리스도의 능력을 선포하는데 주춤하게 만들었다." 이것 말고도 유사한 인용을 많이 할 수 있겠지만, 위의 말만으로도 기독자의 완전을 사랑하는 사람들이 그 어휘 속에 담겨 있는 위험성을 잘 인식하고 있음을 보여 주기에 충분하다. 그럼에도 불구하고 우리는 그들이 성경을 인용하면서 서로 다르게 주장하고 있음을 알 수 있다.

이 주제에 대하여 구약에는 메시지가 없는 것처럼 생각하여 사람들은 이 주제를 논의할 때 보통 신약과 함께 시작한다. 그러나 이 어휘는 구약에도 자주 사용되고 있으며, 거기에서 언급되고 있는 바가 신약에서 보다 온전한 계시에 대한 전주로서 잘 어울리고 있다. 히브리서 기자는 "레위 계통의 제사 직분으로 말미암아 온전함을 얻을 수 있었으면"이라고 말하고 있다(히 7:11). 그리고 그것은 불가하다는 사실을 그 후에 "율법은 아무 것도 온전케 못할지라"고 말하고 있다(히 7:19). 이 말로 인해 많은 사람

---

1 *Letters*, III. 168.

들이 구약에는 완전에 대한 어떤 메시지도 없다고 생각하여 구약을 들여다 보지 않게 되었다. 그러나 기독자 완전에 대한 참되고도 온전한 메시지가 구약에 없는 것이고 레위 계통의 제사장직을 통한 완전이 없는 것도 사실이지만, 구약에 완전 개념 자체가 없다고 말하는 것은 잘못이며 실제와는 거리가 멀다. 거기에는 분명한 계시가 있다. 신약의 메시지의 뿌리가 바로 거기에 있다. 우리가 신약을 더 높이고자 하는 의도를 가지고 결코 구약을 경시할 필요는 없다.

구약에는 영어 성경에서 '완전'으로 번역되는 두 개의 히브리 어휘가 있다. 때때로 그 어휘들은 '정직한'(upright) 혹은 '진실된'(sincere) 또는 '흠 없는'(integrity) 등으로 번역되기도 하지만 그런 경우는 예외적이다. 첫 번째 단어는 '타밈'(tamim)이다. 동사 형태로 사용되는 경우는 주로 '중단하다' 또는 '끝이 나다' 등으로 번역되며 윤리성을 띠지 않고 있다. 반면 형용사 형태는 부분과 반대되는 것으로 전체를 의미한다. 예를 들면, '온 종일'과 같은 뜻이다(수 10:13). 그런데 제물이 드려질 때에, 이 어휘는 '흠 없는' 제물로 번역되고 있다. 그리고 이 어휘는 대제사장의 가슴 판에 있는 '우림과 둠밈'을 말할 때 쓰이고 있다. 이와 같이 이 어휘는 '끝이 나는' 또는 '온전한'이라는 일반적 의미를 가지고 있다. 두 번째 단어는 '샬렘'(shalem)이다. 우리는 이 단어를 솔로몬과 예루살렘과 같은 어휘 속에서 볼 수 있다. 그것의 일반적 의미는 '안전한' 혹은 '화평한'이다. 그러므로 '끝이 나는,' '온전한,' '화평한'의 일반적 의미를 가지고 있는 위의 두 어휘들은 이스라엘의 종교 속에서 발전된 윤리적 또는 영적 의미에 대하여 소개하는데 잘 부합된다.

구약에 나오는 완전에 대하여 세 가지 영속적인 메시지가 있다. 우리는 히브리 어휘가 사용되고 있는 곳이 아니라 영어로 '완전'으로 번역된 곳을 다루려고 한다. 그렇다고 해서 차이가 많은 것은 아니다. 첫 번째 진리는 완전이 절대적 조건이 아닌 상대적 도덕적 조건이라는 점이다. 우리는 "노아는 의인이요 당세에 완전한 자라"고 한 성경 구절을 안다(창 6:9). 노아의 완전은 그 당시 사람들의 삶과 비교되는 상대적 개념이며 기독교 시대의 그것과는 열등하다. 그렇지만 그것은 완전의 조건이었다. 이사야도 그와 비슷하게 18장 5절에서 말하고 있다: "For afore the harvest, when the bud is perfect"(미국 표준역은 '추수전 봉우리가 완전한 때'라고 번역됨); 그러나 개역 표준역은 "For afore the harvest, when the blossom is over"('추수전 꽃이 다 진 때'로 번역됨)이다. 어떻게 번역되었건 '완전'으로 번역된 단어가 나오고 있다. 이 곳에서의 개념은 봉우리의 완성 혹은 꽃이나 열매의 완성이 있다는 것이다. 구약에서 말하는 참 진리는 완전이 상대적이지 절대적이 아니라는 것이다. 이 세상에서 사람에게는 절대적 완전은 없다. 아마도 우리는 계속 성장하여야 하기 때문에 하늘에서도 절대적 완전은 없을지도 모른다.

두 번째 진리는 완전이 하나님과 관계를 맺는 마음의 상태라는 것이다. 하나님과의 관계 및 마음의 상태 이 두 부분은 강조되어야 한다. 모세는 이스라엘 백성에게 "네 하나님 여호와께서 네게 주시는 땅에 들어가거든...너는 네 하나님 여호와 앞에 완전하라"고 말하였다(신 18:9-12). 시편 기자도 "이는 내가 여호와의 도를 지키고 악하게 내 하나님을 떠나지 아니하였으며...내가 또한 그 앞에 완전하여 나의 죄악에서 스스로 지켰나니"라고 말하며(시 18:21-23), 이어서 "내가 완전한 길에 주의하오리니 주께서 언제나 내게 임하시겠나이까. 내가 완전한 마음으로 내 집안에서 행하리이다"(시 101:2), 그리고 "내 마음으로 주의 율례에 완전케 하사"(시 119:80)라고 말한다. 열왕기와 역대기에는 완전한 왕들과 불완전한 왕들에 대하여 자주 언급하고 있다. 이것은 그리스도 안에 있는 신자들은 제사장과 왕이 된다는 점과 그들은 완전한 왕과 성도들이 되어야 한다는 사실에 대한 예언적 표현일지도 모른다. 이들 책에서 주로 사용되고 있는 어휘는 '샬렘'인데 아마도 솔로몬 왕의 성격 때문일 것이다. 여기에 아마샤 왕에 대하여 밝혀 주는 언급이 있다: "아마샤가 여호와 보시기에 정직히 행하기는 하였으나 온전한 마음으로 행치 아니하였더라"(대하 25:2). 그는 법적으로는 의롭기 때문에 법에 따라 정죄받을 수 없었으나 그의 마음은 하나님과 올바르지 못한 상태에 있었다. 그는 바울이 원치 않았던 바로 그 자리에 있었다: "내가 가진 의는 율법에서 난 것이 아니요, 오직 그리스도를 믿음으로 말미암은 것이니, 곧 믿음으로 하나님께로서 난 의라"(빌 3:9).

그와 마찬가지로 아비얌도 하나님과의 관계는 완전하지 못하였다: "아비얌이 그 부친의 이미 행한 모든 죄를 행하고 그 마음이 그 조상 다윗의 마음 같지 아니하여 그 하나님 여호와 앞에 온전치 못하였으나"(왕상 15:3). 반면 "아사의 마음이 일평생 여호와 앞에 온전"하였다(왕상 15:14). 솔로몬의 생애에 있어서 온전과 관련된 표현이 세 곳 나온다. 다윗이 솔로몬이 온전해질 것을 위하여 기도했으며 그 기도는 응답되었다: "우리 열조 아브라함과 이삭과 이스라엘의 하나님 여호와여 주께서 이것을 주의 백성의 심중에 영원히 두어 생각하게 하시고, 그 마음을 예비하여 주께로 돌아오게 하옵시며, 또 내 아들 솔로몬에게 정성된 마음(perfect heart)을 주사"(대하 29:18-19). 다윗은 솔로몬이 하나님을 온전한 마음으로 섬기도록 명하였다: "내 아들 솔로몬아, 너는 네 아비의 하나님을 알고 온전한 마음과 기쁜 뜻으로 섬길지어다"(대하 28:9). 그러나 솔로몬은 결국 호화로움 때문에 온전함을 잃게 되었다: "솔로몬의 나이 늙을 때에 왕비들이 그 마음을 돌이켜 다른 신들을 좇게 하였으므로 왕의 마음이 그 부친 다윗의 마음과 같지 아니하여 그 하나님 여호와 앞에 온전치 못하였으니"(왕상 11:4). 기도의 응답으로 하나님께서 주신 완전은 반드시 성취할 이상이나 훈련의 결여로 잃어버릴 수 있다는 메시지를 전하는 것은 신약의 복음적 분위기를 그대로 반영하는 것이다. 옛 계약 아래에서는 법적 의로움을 뛰어넘는 조건 즉 하나님과 온전하라는 부르심이 있다. 이스라엘에는 성도들이 있었다.

온전에 대한 구약의 세 번째 의미는 그 어휘가 때로는 행함(walking)과 관련이 있다는 것이다: "여호와께서 아브람에게 나타나서 그에게 이르시되 나는 전능한 하나님이라. 너는 내 앞에서 행하여 완전하라"(창 17:1). 시편 기자는 "여호와여 주의 장막에 유할 자 누구오며 주의 성산에 기할 자 누구오니이까. 정직하게(tamim) 행하며, 공의를 일삼으며, 그 마음에 진실을 말하며"(시 15:1-2), 그리고 "정직히 행하는(tamim) 자에게 좋은 것을 아끼지 아니하실 것임이니이다"고 말한다(시 84:11). 히스기야는 "내가 진실과 전심으로(perfect heart) 주 앞에 행하며 주의 보시기에 선하게 행한 것을 기억하옵소서"하고 기도하였다(왕상 20:3). 노아에 대하여 "노아는 의인이요 당세에 완전한 자라. 그가 하나님과 동행하였으며"라고 말하고 있다(창 6:9). 구약에서 이 같은 완전과 행함과의 연결은 새 언약의 말 즉 "저가 빛 가운데 계신 것 같이 우리도 빛 가운데 행하면 우리가 서로 사귐이 있고 그 아들 예수의 피가 우리를 모든 죄에서 깨끗하게 하실 것이요"라는 말을 연상케 한다(요일 1:7). 우리는 그와 비슷하게 "주의 말씀의 빛 가운데서 주님과 동행할 때"라는 찬송가의 한 구절을 연상할 수 있다.

이와 같이 완성과 행함과의 연관성은 '완전하다' 또는 '완전한 마음을 갖는다'는 것이 정적인 상태가 아니라 향상하며 발전하는 상태임을 지칭하는 것이다. 이들 세 가지의 진리는 성경적인 완전을 논함에 있어서 반드시 고려되어야 한다. 이들을 다시 요약하면, 1) 절대적이 아닌 상대적인 도덕적 상태, 2) 하나님을 향한 마음의 상태, 3) 정적인 상태가 아닌 역동적 상태를 지칭하는 행함과의 연관성이다. 위의 세 가지 본질을 가지고 우리는 구약에서 완전에 대한 개념을 다음과 같이 정의내릴 수 있다: 완전은 하나님을 향한 마음의 상태로서, 무흠한 행위라기 보다는 하나님과의 동행을 가능하게 하며, 하나님께 전적으로 드려진 삶을 살게 하며, 하나님과 화평한 가운데 살게 한다. 그래서 하나님께 늘 인정받는 삶을 가능하게 한다.

시편 19편은 구약의 계시 중 절정을 이루고 있다. 물론 신명기 30장 11절부터 16절, 이사야 53장, 에스겔 36장 23절부터 36절과 같은 말씀들도 있다. 사도 바울이 말한 것처럼 이들 영적인 말씀들 배후에는 그리스도의 현현이 있는 듯하다: "다 같은 신령한 식물을 먹으며 다 같은 신령한 음료를 마셨으니 이는 저희를 따르는 신령한 반석으로부터 마셨으매 그 반석은 곧 그리스도시라"(고전 10:4). 시편 19편의 마지막 세 절은 구약에서 완전에 대한 개념에 대해 놀라운 통찰을 제시하고 있다. 이 시편은 새벽을 읊는 시편이다. 이 시편 기자는 분명 장막 밖에서 잠을 자고 있다가 날이 밝을 때에 일어나서 자연의 신기함을 바라보면서 "하늘이 하나님의 영광을 선포하고 궁창이 그 손으로 하신 일을 나타내는도다"라고 감탄하였을 것이다(시 19:1). 그 후 자연의 신기함을 보며 영적 세계의 내면을 보게 되었고, 그가 완전하다고 말하는 주의 율법을 생각하면서 전율하였을 것이다. 그가 율법에 대하여 말할 때 그것은 사도 바울이 말한 연약하여 구원할 수 없고 오히려 사람을 정죄하는 그런 율법과는 전혀 다른 법에 대하여 말하고 있다. 그가 언급하고 있는 법은 사도 바울이 "그리스도 예수 안에 있는 생명의 성령의 법이 죄와 사망의 법에서 너를 해방하였음이라"고 증거한 바와 같은 법과 유사한 법이다(롬 8:2). 그가 말하는 이 법은 완전하고, 확실하고, 의로우며, 순결하며, 꿀보다 더 달고, 깨끗하기 때문에 금보다 더 사모해야 한다. 그것이 가지고 있는 구속의 능력은 놀랍다.

그것은 영혼을 소생시키며, 지혜롭게 하며, 마음을 즐겁게 하며, 눈을 밝게 하며, 영원까지 이른다. 과연 이 시편 기자는 영적 세계와 구속의 힘이 거기에 있음을 확실히 알고 있다. 그는 처음에는 자연 속에 나타난 하나님의 영광을, 그 후에는 주의 법의 능력과 기이함을 보았다. 그리고 잠시 쉬었다가 12절에서 자신의 마음의 상태를 보고 나서 "자기 허물을 능히 깨달을 자 누구리요"라고 외친다. 여기에서 '허물'은 미끄러짐과 같은 사소한 실수를 뜻한다.

훌륭한 사람들은 하루를 마감하면서 행할 수 있었던 더 선한 일들 또는 행하지 못한 선한 일들에 대하여 생각한다. 웨슬리는 그러한 행위들에 대하여 다음과 같이 기록하고 있다: "만일 '어떻게 당신이 순수한 사랑을 가지고 이것저것을 일치시키겠는가'라는 질문이 생기면 합리화시키지 말고 예수님을 바라보라. 그리고 정직하게 늦추지 말고 '나의 주님, 나의 하나님이여, 제게 응답하소서'하고 기도하라."2)

그 후 시편 기자는 이러한 표면적 과오를 일으키는 심장부를 바라보면서 "나를 숨은 허물에서 벗어나게 하소서"하고 울부짖는다. 그는 "오직 사람은 악하지만 구원의 소망은 기쁨이 되는"3) 바로 그 위치에 있는 자신을 발견한다. 그는 자신의 불결함과 정결케 될 필요를 느끼게 된다. 그는 "화로다 나여, 망하게 되었도다. 나는 입술이 부정한 사람이요"라고 고백한 것과 같은 입장에 있음을 발견한다(사 6:5).

구원의 효과는 소위 심리학자들이 말하는 우리의 삶의 잠재 의식 또는 무의식의 영역까지도 미친다는 사실을 부정하는 사람들이 있다. 그들은 구원의 효과는 오직 의식의 영역까지만 미친다고 말한다. 구약은 심리학

---

2 *Letters*, 57.
3 『레지널드 헤버, 밝고 아름다운 찬송가』(Reginald Heber, Hyms, Brightest and Best).

적인 용어들을 사용하지 않고, 하나님의 구속 사역은 인간 내부 깊숙한 곳까지도 처리한다는 사실을 지시할 뿐이다. 시편 기자는 다른 곳에서 "나의 죄악을 말갛게 씻기시며 나의 죄를 깨끗이 제하소서"라고 부르짖었다(시 51:2). 그것은 피상적인 씻음이 아니라 전적인 씻음이다. 그는 이어서 "중심에 진실함을 주께서 원하시오니 내 속에 지혜를 알게 하시리이다"고 기도한다(시 51:6). 번연(John Bunyan)은 『거룩한 싸움』(Holy War)에서 조그만 악령들이 헛간에 들어와서 그 곳에 머물게 해달라고 간청하였지만 임마누엘은 한마디로 안 된다고 거절한 이야기를 하였다. 하나님의 구원은 조그만 악령들이 인간의 영혼 어느 구석에 남아 있기를 허용하지 않고 영혼 내면의 깊은 곳까지 처리하여 정결하게 한다. 바로 그러한 것이 이 시편 기자의 기도였다.

다시 시편 19편 13절은 "또 주의 종으로 고범죄(孤帆罪)를 짓지 말게 하사 그 죄가 나를 주장치 못하게 하소서"라고 기도한다. 'presumptuous'라는 단어는 부글부글 끓는다는 의미를 가지고 있다. 그기 긴구힌 내용을 현대적 용어로 보면, 그것은 자신이 막바지까지 가서 아무렇게나 행동하지 못하도록 지켜달라는 것이다. 그는 그것이 부글부글 끓는 지점까지 갈 수 있다는 점을 인식하고 있었다. 사도 바울이 "분을 내어도 죄를 짓지 말며 해가 지도록 분을 품지 말고 마귀로 틈을 타지 못하게 하라"고 말할 때 위의 사실을 염두에 두었을 것이다(엡 4:26-27). 야고보는 "사람마다 듣기는 속히 하고, 말하기는 더디 하며, 성내기도 더디 하라. 사람의 성내는 것이 하나님의 의를 이루지 못함이니라"고 말한다(약 1:19-20). 시편 기자는 "그 죄가 나를 주장치 못하게 하소서"라며 기도한다(시 19:13). 이때 그는 '숨은 허물'과 '고범죄' 이 두 가지를 생각하면서 기도하고 있다. 사도 바울이 "죄가 너희를 주관치 못하리니"라고 선언할 때 그와 같은 것을 염두에 두었을 것이라는 강한 느낌이 내게 든다(롬 6:14). 이제 우리는 시편 기자가 자신에 대한 소망의 말로서 "그리하시면 내가 정직하여 (perfect) 큰 죄과에서 벗어나겠나이다"고 하였다(시 19:14). 미국 표준 역은 '정직'(upright)으로 번역하고 있는데 원어상으로는 '타밈'이다. 우리가 보아 온 대로 그것은 개역 표준역처럼 '완전'으로 번역해야 마땅하다. 이제 그는 산 정상에 올라와서 바라보고 있다. 그는 자연을 통해 나타난 하나님의 영광을 보았다. 그리고 그는 하나님의 영적 법의 완전성에 대하여 보았다. 이제 그는 자신의 마음의 부패성을 본 후에 완전해질 수 있다는 가능성을 보았다. 이제 그는 결단의 순간에 다다랐다. 그는 믿었고 복을 받았다. 당신은 그와 같은 영적인 진리를 소유하지 못하고는 그것을 볼 수 없다. 소유하는 것이 보는 것이다. 서로 공유 할 때 우리는 알게 된다. 기독교에서 그의 경험과 상응하여 공유하고 있는 경험이 찰스 웨슬리의 찬송가에 다음과 같이 나오고 있다:

> *모든 것이 가능하네 하나님께는,*
> *사람 안에 하나님의 능력인 그리스도께는,*
> *모든 것에서 내가 새롭게 되어,*
> *그리스도 안에서 다시 빚어진 내게,*
> *모든 죄에서 자유케 되어 증거하네.*
> *모든 것이 내게는 가능하다고.*

우리가 시편 기자의 말을 들을 때, 그 말은 우리 영혼을 소생시키며, 우리의 마음은 뜨거워지며, 우리로 하여금 "나는 지금 복을 받았네" 하고 외치라고 강권한다. 우리가 그 복을 유업으로 받는 것은 믿음에 의하여 우리 안에 창조된 교제와 공유를 통하여 되는 것이지 논쟁을 통하여 되는 것이 아니다. 마지막으로, 시편 기자는 그 경험이 무엇인지 설명한다: "나의 반석이시요 나의 구속자이신 여호와여, 내 입의 말과 마음의 묵상이 주의 앞에 열납되기를 원하나이다"(시 19:14). 입의 말은 의식하고 있는 삶, 마음의 묵상, 그리고 잠재 의식적 삶의 결과로 하나님께 받아들여지는 말을 의미한다. 받아들여진다는 어휘는 제의적(祭儀的) 용어다. 그것의 조건은 신약에서 거룩하여 흠 없는 제물에 대하여 말할 때 쓰이는 것과 같다. 우리는 여기에 70인역에서처럼 '지속적으로'라는 말을 더 추가하여야만 된다. 그렇게 하면 우리는 완벽한 메시지를 발견하게 된다. 즉, 나의 의식적 또는 무의식적 삶 전체가 하나님께 드려지고, 그래서 받아들여지고 그리고 지속적으로 하나님의 임재 속에서 살아가는 삶이 된다. 나의 반석이신 주님으로 말미암아 이 모든 것이 가능하다. 여기에서 반석은 방어를 소극적으로 표현한 말로 폭풍우로부터의 보호를 의미한다. 그리고 나의 구속자는 구원을 적극적으로 표현한 말로 악의 손아귀에서 건져주시는 분임을 의미한다. 여기에서 우리는 구약의 성도가 옛 언약 아래에서 경험할 수 있는 완전을 경험하고 있음을 본다.

신약에서는 '완전'을 나타내는 두 개의 주요한 어휘가 있다. 그러나 이들 어휘들은 우리가 지금까지 논의한 구약의 두 개의 어휘의 번역이 아니다. 하나는 '텔레이오스'(teleios)로서 70인역에서는 두 개의 히브리어 단어들을 번역할 때 사용되었다. 그것은 '최종의 상태로 이끈다', '온전히 성장하다', '성숙하다' 등의 의미를 가지고 있다. 다른 단어는 '카타르티조'(katartizo)로서 '사용하기에 알맞게 만들다'의 의미를 가지고 있다. 만일 우리가 이 두 의미를 하나로 묶으면, 일차적으로 완전의 의미가 무엇인지 알게 된다. 말하자면, 그것은 최종의 상태로 이끌어서 사용하기에 알맞게 만든다는 의미다. 그것은 신약에서 계시된 내용과는 관계없는 어원적으로 일반적인 의미이다. 우리는 '텔레이오스'가 영어의 '텔레오로지'(teleology)로 쓰이고 있으며 그것은 마지막 것들과 원인을 다루는 단어임을 알고 있다.

'카타르티조'는 몇 가지의 흥미로운 방향으로 쓰인다. 예수님이 야고보와 요한을 부를 때 그들은 "배에 있어 그물을 깁고 있었다"(막 1:19). '깁는다'는 말은 헬라어로 '카타르티조'이다. "모든 세계가 하나님의 말씀으로 지어진 줄을 우리가 아나니"(히 11:3), "신령한 너희는 그러한 자를 바로 잡고"(갈 6:1) 등에서 '카타르티조'가 쓰이고 있다. '지어지다,' '바로잡다'는 '카타르티조'의 번역이다. 수술에서 이것은 마디를 제 위치에 놓는 것을 말하며, 정치에서는 다른 의견을 조율하는 것을 말한다. 그래서 바울은 "너희 가운데 분쟁이 없이 같은 마음과 같은 뜻으로 온전히(perfect) 합하라"고 말한다(고전 1:10). '완전'에 대한 두 개의 단어들은 서로 보완적으로 쓰인다. 하나는 '최종의 상태,' 다른 하나는 '진전과 유용성'이다.

완전에 대한 메시지는 '완전'이 쓰여진 모든 것들을 검토해 볼 때 발견될 수 있다. 이러한 작업은 영적 과정이 아닌 기계적 과정을 밟게 된다. 이 어휘는 성경의 골격 그 자체에 연결되어 있다. 그리고 그것은 여러 면에서 그리스도인의 삶과 불가분의 관계를 맺고 있다. 다음에서 어떻게 그것이 불가분의 관계를 맺고 있는지 살펴보고자 한다. 그것은 다음의 것들과 연결되어 있다: 1) 사랑: "만일 우리가 서로 사랑하면 하나님이 우리 안에 거하시고 그의 사랑이 우리 안에 온전히 이루느니라"(요일 4:12); 2) 기도와 믿음: "주야로 심히 간구함은 너희 얼굴을 보고 너희 믿음의 부족함을 온전케 하려 함이라"(살전 3:10); 3) 성경: "모든 성경은 하나님의 감동으로 된 것으로...이는 하나님의 사람으로 온전케 하며 모든 선한 일을 행하기에 온전케 하려 함이니라"(딤후 4:16-17); 4) 말의 사용: "우리가 다 실수가 많으니 만일 말에 실수가 없는 자면 곧 온전한 사람이라"(약 3:2); 5) 고난: 야고보는 고난이 올 때 기뻐해야 한다고 하며 "인내를 온전히 이루라. 이는 너희로 온전하고 구비하여 조금도 부족함이 없게 하려 함이라"고 권면한다(약 1:4); 베드로도 "잠깐 고난을 받은 너희를 친히 온전케 하시며"라고 말한다(벧전 5:10); 6) 가르침과 지혜: "각 사람을 권하고 모든 지혜로 각 사람을 가르침은 각 사람을 그리스도 안에서 완전한 자로 세우려 함이니"(골 1:28). 위의 예는 모든 것을 다 망라한 것이 아니지만, 분명한 것은 그것이 사랑, 기도, 믿음, 성경, 말, 고난, 가르침, 지혜와 연결되어 있다는 사실이다. 그것은 그리스도인들의 삶과 믿음과 관련된 전부에 퍼져있으며 그 전부를 고양시키고 있음을 우리는 안다.

신약에서 완전에 대한 메시지를 충분히 보기 위하여 우리는 그것을 예수님의 하나님의 나라에 대한 가르침과, 바울의 그리스도 안에 있는 삶과, 사도 요한의 영생과 사랑과 관련지어 살펴보아야 한다. 그 사상은 신약의 전체 가르침 속에 침투되어 있으며 그 가르침을 드높이고 있다. 그 사상은 그리스도인의 삶과 품성에 대한 일반적 과정에 대한 것이라고 주장하는 사람들은 어떤 면에서는 옳다. 그러나 동시에 그 사상이 그리스도인의 삶 속에서 완전이라고 불리는 결정적 은혜의 상태가 있으며 신자들은 궁극적으로는 그 상태에 도달하여야 한다는 뜻을 함유하고 있음도 분명한 사실이다.

신약에서 사용되고 있는 바에 따르면 그 어휘는 끝이 없는 지속적인 과정 이상의 뜻을 함유하고 있다. 그리스도인의 삶 속에는 어떤 조건 혹은 위치가 있다. 그리고 어떤 사람이 그곳에 있으면 완전하고 그렇지 못하면 완전하지 못하다. 모호함을 줄이기 위하여 우리는 그것을 복음적인 완전 혹은 그리스도인의 완전이라고 부른다. 그러한 조건은 예수님의 여러 가르침 중에 내포되어 있다. 예를 들어, 마태가 보존하고 있는 "그러므로 하늘에 계신 너희 아버지의 온전하심과 같이 너희도 온전하라"고 한 가르침이다(마 5:48). 주기도문에서도 그러한 내용이 함축되어 있다: "나라이 임하옵시며, 뜻이 하늘에서 이룬 것 같이 땅에서도 이루어지이다"(마 6:10).

또한 그것은 서신들 중에도 광범위하게 퍼져 있다. 사도 바울은 "온전한 사람을 이루어"라고 말한다(엡 4:13). 그것은 끝이 없거나 도착지가 없는 여정이 아니다. 그러기에 바울은 "우리 온전히 이룬 자들은"이라고 말한다(빌 3:15). 바울은 자신과 다른 사람들이 이같은 완전의 상태에 있다고 주장한다. 반면 이전의 3절에서 그는 하늘의 완전을 아직 얻지 못했지만 그것을 향하여 매진한다고 말했다. 히브리서 기자는 "완전한 데 나아갈지니라"고 우리에게 권한다(히 6:1). '나아갈지니라'고 한 말은 '가다'라는 보통의 의미가 아니라 운반되다는 개념을 가지고 있다는 사실에 주목해야 한다. 그것은 마치 우리가 하나님의 에스컬레이터에 발을 올려놓아 우리가 그 곳에 도달하게 된다는 의미다. 메들리의 플레쳐(Fletcher of Madeley)는 제자들이 애써서 노를 저어 가다가 예수님을 배에 모시어 들인 후 "배는 곧 저희의 가려던 땅에 이르렀더라"고 한 것과 같은 경험이라고 말하였다(요 6:19-21). 감리교 신학자들은 그러한 은혜의 상태가 있다는 것에 동의하는 것 같다. 빈센트 테일러(Vincent Taylor)는 "의심의 여지없이 신약은 윤리적이며 영적인 완전 혹은 도달함(attainment)의 절대적 필요성을 가르치고 있다. 신약은 또한 하나님과의 화목은 그와 같은 목표를 열정적으로 추구하게 할 대상으로 삼는다고 가르치고 있다."4) 그리고 생스터(W. E. Sangster)는 웨슬리의 가르침에 대하여 말하면서 "신약의 전체 흐름은 윤리적이며 영적인 완전을 지향하고 있다는 웨슬리의 일반적 주장에 대하여는 논쟁의 여지가 없다"고 말한다.5)

모든 사람들에게 용납될 수 있는 방향으로 그러한 경험을 정의한다는 것은 불가능하다. 그것은 모든 경우가 동질성을 띤 대량 생산적 경험은 아니다. 정의를 내리는데 있어서 진짜 어려움은 바로 거기에 있다. 그 경험은 신자들의 마음 속에서 역사하는 성령에 의한 결실이다. 성령은 우리

---

4 『용서와 화목』(Forgiveness and Reconciliation), p. 189.
5 『완전을 향한 길』(The Path to Perfection), p. 185.

마음 속에서 불만족감을 자아내고, 자신이 아직 도달하지 않은 더 나은 무엇이 있다는 기대감을 갖게 하며, 정신과 마음이 그것을 추구하게 하며, 마침내는 값진 진주를 찾아내게 한다. 만일 성령의 이와 같은 일차적 활동을 배제하고 정신적 호기심을 만족시킬만한 정의를 내리는 것은 불가능하다. 대부분의 사람들이 가장 필요로 하고 있는 바는 정의를 내리는 것이 아니라 경험하는 것이다. 그리할 때 생생한 정의를 충분히 내릴 수 있다. 많은 사람들은 아닐지 모르지만, 어떤 사람들은 이 문제에 있어서는 어린 예수님을 찾아서 경배드리고 싶다고 말하지만 천사는 "헤롯이 아기를 찾아 죽이려 하니"라고 평가한 헤롯과 같은 사람들이다(마 2:13). 성경은 하나님은 스스로를 감추시는 분이라고 말한다. 요점은 당신은 그 경험을 원하는가? 그렇다면 당신은 그것을 당신의 삶 속에서 다른 무엇보다도 더 소원해야 한다는 점이다. 그렇게 되면 당신은 그것을 경험하게 될 것이고 그것이 무엇인지 적절하게 정의를 내릴 수 있게 된다.

이에 대한 정의와 관련하여 웨슬리는 성경적 주석과 조화를 이루는 방법을 사용하고 있다. 웨슬리는 자신의 가르침을 뒷받침하기 위하여 모든 본문의 세세한 부분을 모두 섭렵하지 않았다. 그는 아주 적절한 본문들을 그냥 지나치기도 하였다. 그는 어떤 말씀 속에서 진리를 보고 그것을 하나님의 말씀으로 선포하였다. 그는 모든 증거들을 자세하게 분석하여 논리적 틀을 가지고 그것을 제시하는 조직 신학자가 아니었다. 그는 설교자요, 선지자로서 성경을 통하여 자신의 영혼 속에서 성령이 계시하는 진리를 발견하고 그것을 복음으로 선포하고 사람들로 하여금 믿도록 초청하였다. 그의 서신들은 이론적 진술이 아니라 선포와 믿으라는 호소로 가득 차 있다. 우리는 자주 그가 다음과 같이 초청한 내용에 접하게 된다: "점진적으로 죄의식과 죄의 능력을 깨달은 후에 당신은 일 순간에 의롭다함을 받았다. 마찬가지로 뿌리 박힌 죄에 대하여 점진적으로 강하게 깨달은 후에 당신은 일 순간에 성결케 될 것이다. 누가 얼마나 빨리 그러한 경험을 할 수 있음을 알 수 있는가? 왜 지금은 안 되는가?"[6] 그 경험에 대하여 주장하고 글을 쓴 사람들이 많이 있지만 사람들로 하여금 그 복을 받으며 믿어야 한다고 초청하는 사람은 참으로 드물다. 오늘날 우리의 설교에서 대부분 결여되어 있는 것이 이러한 선지자적이며 사도적 메시지가 아닌가? 우리는 다음과 같이 주장하고, 주장하고 또 주장한다: 우리에게 가장 필요한 것은 사람들을 그 복으로 이끌어들여야 한다는 비전과 열정이다.

웨슬리가 우리에게 가르친 세 개의 단어들은 추구하는 사람들이 명상하기에 충분한 내용을 담고 있다. 그는 "죄를 배제한 사랑"이라는 세 개의 단어를 제시하고 있다. 그것이 전부이다. 하나님의 사랑으로 가득 찬 마음에는 죄가 들어설 자리가 없다. 찰스 웨슬리는 논쟁을 일으킬 어휘들을 배제한 채 다음의 두 줄로 된 가사에 그 개념을 표현하였다:

> *당신이 들어가서 거기에서 그것을 몰아내고,*
> *당신이 모든 자리를 차지하소서.*

역시, 그것이 전부이다. 죄가 축출되고, 하나님의 생명이 마음을 가득 채운다. 존 웨슬리는 아주 지혜롭게 무엇보다도 먼저 아닌 것부터 말하는 방법을 채택하였다. 어떤 면에서 완전한 정의를 내리는 것이 어려울 때 어떤 개념에 대하여 설명하기 위하여 그 방법이 채택되곤 했다. 그는 말하기를 실수에서, 유혹에서, 신체적 연약함에서 자유로워지는 것은 아니라고 한다. 그것은 침해받지 않는 기쁨이나 평안의 상태도 아니며 정적인 것도 또는 점진적인 상태도 아니다. 웨슬리의 교훈에 대하여는 후에 다시 더 자세하게 논의할 것이다. 하지만 지금 이 순간에 우리가 주장하는 것은

---

6 *Letters*, VII. 222.

우리가 그리스도인의 완전, 혹은 완전한 사랑, 혹은 완전한 성결이라고 부르는 은혜의 상태를 신약에서 밝히 보여 주고 있다는 사실이다. 마이어 (F. W. H. Myer)가 『사도 바울』이라는 책에서 다음과 같이 말하였는데 아주 적절한 표현이다:

> 오, 내가 당신은 분명히 그것을 믿을 것이라고 말할 수 있는가!
> 오, 내가 본 것만을 말할 수 있겠는가!
> 나나 당신이 그것을 어떻게 받을 것이라고 말해야 되는가?
> 내가 본 그 곳으로 그가 당신을 인도할 때까지?

한 번은 어느 호텔에 어떤 사람이 머물게 되었다. 그가 기숙한 방의 바로 위에 한 소년이 잠자고 있었다. 어느 날 밤 이 사람은 위의 침실에서 쿵 하는 소리를 들었다. 그래서 다음 날 그 소년에게 자기가 그 소리를 들었다고 말하며 "간밤에 침대에서 떨어졌니?"라고 물었다. 그 소년은 그렇다고 대답했다. 그 사람은 "어떻게 해서 그렇게 되었니?"라고 다시 물었다. 소년은 "나는 침내 속에 깊이 들어가지 못했다고 생각합니다"라고 대답하였다. 그리스도인의 삶 속에서도 만일 당신이 들어선 그 자리에서 멈춘다면 당신은 굴러 떨어질 것이다. 우리에게 주어진 명령은 "완전한 데 나아갈지니라"이다. 웨슬리는 "완전을 지향하지 않고는 모든 신자들은 냉랭해지며 죽어 갈 것이다: 그리고 단지 경박해지며, 잡담하며, 험담을 지어낼 것이다. 그렇게 되면 곧 그들의 영혼에서 하나님의 생명에 관한 모든 것이 파괴될 것이다"[7]고 경고하고 있다.

---

7 Ibid., p. 109.

6

지금 믿음으로 받는 하나님의 선물

지금까지 우리는 그리스도인의 삶 속에는 완전 성결, 완전한 사랑, 그리스도인의 완전이라고 불리는 은혜의 상태가 있다는 사실을 주장해왔지만, 어떻게 그것을 경험할 수 있는지에 대하여는 논의하지 않았다. 그것을 어떻게 얻을 수 있는가에 대한 논의는 네 가지 가능성이 있다. 그것들은 다음과 같다:

(1) 그것을 얻을 수 있는 가능성의 부정
(2) 그것은 성장의 결과
(3) 그것은 중생과 함께 하나님이 주시는 것
(4) 그것은 중생 후에 두 번째 은사 또는 복으로서 하나님께서
    주시는 것

지금부터 이 네 가지를 하나 하나 살펴보고자 한다.

(1) '잔재하는 부패성'에 대한 웨스트민스터 고백은 그 후의 세대에 깊이 그리고 끈질기게 영향을 끼쳤다. 그래서 라인홀드 니이버(Reinhold Niehber)는 다음과 같이 쓰고 있다: "문제는 그리스도의 은혜가 일차적으로 의의 능력으로 죄악된 마음을 치유하여 그 결과로 사랑의 법을 실천할 수 있게 하는가 아니면 사람이 결코 완전히 극복할 수 없는 끈질긴 죄성에 대한 하나님의 긍휼에 대한 확신인가 하는 점이다."[1] 우리는 가장 성숙

했다고 하는 그리스도인이라도 불완전성이 있음을 강조해왔지만 그러한 필연적인 실패나 혹은 부족함이 죄가 아님을 주장해왔다. 니이버는 다른 곳에서 다음과 같이 강한 어조로 쓰고 있다: "그는 자신들이 죄인임을 잊어버린 성도들이 가지고 있는 용납할 수 없는 가식으로부터의 구원에 대하여 말하고 있다."[2]

우리가 누구를 '죄인'이라고 불러야 하는가? 이 단어는 다른 의미를 가지고 쓰인다. 거듭나지 못한 사람은 죄인이라는 사실은 의심의 여지가 없다. 만일 성령으로 거듭난 사람이 죄를 짓지 않지만 죄가 그 안에 거하고 있기 때문에 그가 죄인이라고 한다면 그 어휘는 전자와는 다른 내용을 담고 있다. 그렇다면 완전한 사랑의 상태에서 사는 사람을 '죄인'이라고 불러야 하는가? 즉 실제로 죄를 짓지 않을 뿐만 아니라 내주하는 죄로부터도 구원함을 받았으며 하나님의 사랑으로 가득 채워진 사람을 죄인이라고 불러야 하는가? 기독교의 역사 속에 나타난 경건에 관한 책들에서는 이 문제에 대하여 과연 무엇이라고 하는가? 나는 그러한 사람도 죄인이라고 불러야 한다는 것이라고 생각한다. 그러나 그 경우에도 우리는 그 어휘의 사용에 있어서 의미의 차이가 있다는 사실을 숙지하고 있어야 한다.

한 세대 이전 사람으로서 성결에 대하여 놀랍게 설교한 페이지(I. E. Page)는 완전 성결을 경험한 사람에 대하여 말하면서 "그는 열려있는 샘 근원으로 내려가서, 온전히 성결함을 받았다. 이제 그는 죄 용서받고 성결케 된 죄인이다. 그가 홀로 자기의 하나님께 기도하는 내용을 들을 수 있다면 당신은 그가 아직도 자신이 죄인임을 느끼는 말을 사용하고 있음을 발견할 수 있을 것이다. 종종 욥과 같이 '이제는 눈으로 주를 뵈옵나이다. 그러므로 내가 스스로 한하고 티끌과 재 가운데서 회개하나이다'라고 그가

---

1 『기독교와 정치의 힘』(Christianity and Power Politics), p. 18.
2 『인간의 본질과 운명』(The Nature and Destiny of Man), II. 130.

부르짖음을 당신은 발견할 것이다"(욥 42:5-6). 완전히 구원함을 받았으며, 말할 수 없는 즐거움으로 기뻐하지만, 그는 밑으로 가라앉는 것의 의미, 소위, '성결한 자의 통회'라고 불리는 바가 무엇인지 안다. 독자는 그것이 무엇인지 이해할 수 있는가? 당신은 과연 사람이 더 거룩해지면 질수록 '죄 없는 수치심' 속에 더 깊이 빠져 들어간다는 사실을 이해할 수 있는가? 우리는 더 고전적이지만 더 영적이지 않은 다른 자료를 인용한다. 풀린 (Poulain)은 "그녀는 더 이상 죄를 지을 수 없고, 자신이 하나님의 생명에 참여하고 있다는 사실을 충분히 느끼고 있는 것처럼 보인다. 그렇다고 해서 그녀가 모든 종류의 죄에 빠질 수 있다는 가능성을 동시에 그리고 아주 분명히 못 보는 것은 아니다. 그녀는 자신이 절망의 구렁텅이에 빠질 수 있는 가능성과 자신을 지켜 주는 강력한 손을 동시에 본다"고 말했다.[3]

사도 바울이 "그리스도 예수께서 죄인을 구원하시려고 세상에 임하셨다 하였도다 죄인 중에 내가 괴수니라"고 말할 때 그는 '죄인'이라는 어휘를 디모데전서를 쓰면서 자신에게 적용하고 있다(딤전 1:15). 수세기 동안을 거치면서 수많은 성도들이 말하고 있는 바에 따르면, 비록 죄의 행위와 본질로부터 구원받았지만 그들이 자신들을 죄인으로 여기고 있는 듯하다. 그러한 것이 우리 인간의 연약함이요 약점이다. 물론 어떤 사람들은 그러한 경우에 죄인이라는 이름은 적합하지 않다고 생각한다. 여기에서 우리는 뉴톤 플루(R. Newton Flew)의 경고를 들어 보자: "케샵 첸드라 센 (Keshab Chandra Sen)의 한 영어 시에 대한 비판에는 지혜가 담겨 있다. 언제나 '나는 죄인'이라고 말하는 사람은 죄인으로 남을 것이요, '나는 충만하다' 말하는 사람은 항상 충만한 상태에 있을 것이다."[4] 우리가 완전히 성결케 된 사람이 아직도 죄인이라고 불리는 것을 허용한다 해도 그것

---

3 『내적 기도의 은혜』(The Graces of Interior Prayer), p. 291.
4 『완전의 개념』(The Idea of Perfection), p. 410.

은 그리스도의 구원이 우리를 모든 죄에서 구원해 낼 수 있다는 사실을 부정하는 것은 아니다.

. (2) 완전 성결은 성장과 도덕적 성숙을 통하여 얻어진다고 생각하는 사람이 굉장히 많다. 즉 그것은 순종과 훈련의 열매라는 것이다. 신약을 통하여 본다면, 우리는 그리스도인의 경험에서 성장이 아주 중요한 요소임을 인정하지 않을 수 없다. 우리는 성경에서 '완전'이라는 어휘의 사용은 위기에만 국한되는 것이 아니고 점진적인 훈련과 영혼의 성숙과 관련되어 있다는 점을 이미 지적하였다. 존과 찰스 웨슬리 형제는 그리스도인의 삶에서 성장에 대하여 강조하였다. 동생 찰스에게 보낸 편지에서 존은 "나는 이 완전이 항상 믿음 즉 단순한 믿음의 행동에 의하여 영혼 속에 순간적으로 이루어짐을 믿는다. 그러나 나는 그 순간 이전과 이후의 점진적인 역사를 또한 믿는다"[5]고 말하였다. 성장과 위기를 함께 말하는 사람들이 수없이 많다. 동생 찰스에게 보낸 후기의 편지에서 존은 "오, *믿음으로만* 받을 수 있는 *완전한* 구속에 대하여 그리고, 연이어, 지금 바라보아야 할 것에 대하여 어디서나 주장하자! 너는 바로 그 일을 위하여 이미 오래 전에 지음받았다. 바로 이 땅에서 너는 너의 할 바를 하고 있다. 그것과 관련해서 나는 네게 나의 주장을 말하고자 한다. 그러나 너는 이미 힘있고 요점적인 말로 나에게 네 주장을 말하였다. *네 방식대로* 하나님이 네게 특별히 맡기신 바를 계속하라. *순간적인* 복을 밀고 나가라. 그러면 나는 *점진적인* 일을 강조하라는 특별한 부르심을 위하여 더 많은 시간을 보낼 것이다."[6]

동생 찰스에게는 순간적인 축복을 강조하는 경향이 훨씬 더 많으며 반면 자신에게는 점진적인 일을 강조하는 경향이 더 많이 있다는 사실을 존의 말을 통하여 듣는 것은 참으로 놀라운 일이다. 신약의 교회 안에 있었

---

5 *Letters*, Ⅳ. 187.
6 *Letters*, Ⅴ. 16.

던 본질적 요소는 영적 삶에 있어서 모든 면에서 신자들의 성장을 도와주
는 교제였다: "오직 사랑 안에서 참된 것을 하여 범사에 그에게까지 자랄
지라. 그는 머리니 곧 그리스도라. 그에게서 온 몸이 각 마디를 통하여 도
움을 입음으로 연락하고 상합하여 각 지체의 분량대로 역사하여 그 몸을
자라게 하여 사랑 안에서 스스로 세우느니라"(엡 4:15-16). 마찬가지로
베도로도 "갓난아이들 같이 순전하고 신령한 젖을 사모하라. 이는 이로 말
미암아 너희로 구원에 이르도록 자라게 하려 함이라"고 우리에게 권면하고
있다(벧전 2:2). 예수님은 씨와 관련된 비유들에서 성장의 법칙에 대하여
늘 강조하였다. 우리는 그리스도인의 품성을 생성시키는 일에 있어서 성장
과 순종과 훈련이 차지하는 위치에 대하여 충분히 인식하고 있어야 한다.

그럼에도 불구하고 신약에서 그리스도인의 완전을 이루기 위하여 그것
들은 우선적이고 본질적인 것들이 아니다. 그것은 믿음에 의한 하나님의
일이다: "너희를 부르신 이는 미쁘시니 그가 또한 이루시리라"(살전
5:24). 존 웨슬리는 "믿음은 순종하는 사람들에게민 주어진나. 그러므로
단순한 믿음에 의하여 순간적으로 오는 것이지만, 광의적으로 그 복은 우
리의 행위에 의존한다"[7]고 말한다. 『하이델베르크 교리 문답서』(The
Heidelberg Catechism)에서는 그것에 대하여 아주 적절하게 표현하고
있다: "우리가 우리 자신들의 봉사에 의하지 않고 오직 그리스도의 은혜만
을 통하여 고난으로부터 구원받았다면 왜 우리는 선한 행위를 도모할 필요
가 있는가?" 하고 물으면, "그 이유 때문에 우리는 우리의 삶 전체를 통하
여 하나님의 은총을 감사하며 하나님께 찬양을 돌리는 삶을 살아야 한다"
고 대답한다.

(3) 어떤 사람들은 사람 속에서 구원을 이루는 하나님의 행위는 오직

---

7 *Letters*, IV. 71.

하나만이 있을 뿐이라고 주장한다. 그 주장은 성령으로 거듭남과 동시에 완전히 성결케 되는 행위라는 주장이다. 신약이 제시하는 바는 그 사실을 뒷받침하지 않고 있다. 그러기에 모든 사도들은 신자들에게 앞으로 나갈 것과 그리스도 안에 있는 유업을 소유해야 할 것에 대하여 권면하고 있다. 많은 사람들이 처음 믿었을 때 충만한 복을 받지 못했다는 것은 아주 확실하다. 그러므로 그들은 더 충만한 믿음을 구사하도록 충고받고 있다. 완전성결이 신생과 동시적으로 일어난다고 주장하는 사람들은 두 번째 복에 대한 어떤 메시지도 아주 싫어하며 그에 대해 반감을 가지고 있다. 그들은 하나님이 한 번에 완전히 할 수 있는 분인데, 사람을 구원하기 위해 하나님이 두 번씩이나 행동하실 필요가 없다고 말한다. 그렇지만 그들은 두 번째 복의 개념에 대한 혐오감으로 말미암아 단 한 번의 구원의 은총 개념에 집착하고 있다.

이와 같은 주장은 어떤 면에서는 신약의 서신들 속에 제시되어 있는 구원의 메시지를 해석하는 방법에 의하여 생겨났다고 할 수 있다. 그러므로 우리는 그것에 대하여 주의를 기울일 필요가 있다. 그들은 우리의 구원의 전체를 시간적 간격을 인정하지 않고 하나님의 한 행위로 묶여지도록 어떤 두드러진 본문을 해석할 수 있다고 주장한다. 로마서 6장 3절부터 6절을 살펴보자. 여기에서 사도 바울은 우리의 구원의 전체를 세례와 연결짓고 있다. 이 곳에서 바울은 네 개의 중요한 개념을 제시하고 있다: 1) 부정적인 측면에서 두 가지, 즉 '옛 사람이 예수와 함께 십자가에 못박혔다,' '죄의 몸이 멸하여'; 2) 긍정적인 측면에서 두 가지, 즉 '우리로 또한 새 생명 가운데서 행하게 하려 함이니라,' '우리가 그의 죽으심을 본받아 연합한 자가 되었으면 또한 그의 부활을 본받아 연합한 자가 되리라.' 이 모든 일들은 세례와 함께 동시적으로 일어나는 것들이 아닌가? 세례와 함께 옛 사람이 십자가에 못박히고 죄의 몸이 멸하게 되었다고 하는데 이는 사람이 의롭게 되고 성령으로 거듭날 때 일어난 일이 아닌가? 표면적으로는 그렇게 보인다.

존 웨슬리도 상반되는 해석을 하고 있다. "그리스도인의 완전"이라는 설교에서 그는 "하나님의 말씀은 다음과 같이 분명히 선포한다: 의롭다함을 받은 사람 혹은 거듭난 사람은…그들의 옛 사람이 그와 함께 십자가에 못박혔으며 죄의 몸이 멸망당한 사람이다."[8] 그는 거기서 그 본문에 대하여 피상적으로 문자적 의미만을 고려하여 칭의(稱義)와 함께 옛 사람이 십자가에 못박혔다고 말했다. 그러나 자신의 서신에서 그는 "당신은 당신이 의롭다고 인정받는 순간부터 죄를 조금씩 이길 수 있다. 그러나 그것만으로는 충분하지 않다. 죄의 몸, 즉 육신적 생각이 멸망당해야 한다. 그리고 옛 사람이 처리되어야 한다"[9]고 말했다. 여기에서 그가 지적하고 있는 바는 옛 사람이 십자가에 못박히는 것과 죄가 멸망당하는 것은 거듭날 때에 일어나지 않고 그 후에 발생한다는 것이다. 이러한 일들이 중생 때에 전혀 일어날 수 없다고 주장하지 않는 전제 아래, 우리는 바로 이 부분이 사도 바울의 생각을 더 옳게 표현했다고 말할 수 있다. 여기에서 사도 바울은 구원의 전체를 세례와 연결시키고 있다. 구원의 전체가 세례에 함축되었든지, 예정적으로 나타나든지 또는 그 안에 배태되어 있든지, 어떤 방법으로든지 연결되어 있는 것으로 바울은 제시하고 있다. 바울은 우리의 완전한 구원이 시간적 간격과는 상관없는 것으로 선포한다.

로마서에서는 시간과 관련해서 사용되는 단 한 개의 어휘가 있다. 그것은 '이제'라는 단어다. 8장에 들어가면서 바울은 "그러므로 이제 그리스도 예수 안에 있는 자에게는 결코 정죄함이 없나니"라고 말한다. 틀림없이 사도 바울은 십자가상에서의 예수님의 "다 이루었다"고 한 마지막 놀라운 말

---

8 『설교집』(Sermons), Ⅱ. 156-57.
9 『로저스의 일지』(Journal of H. A. Rogers), p. 174.

씀과 연관지었을 것이다(요 19:30). 그리고 우리가 믿음으로 세례를 받음으로 그의 죽으심과 부활 안에서 그와 연합될 때, 그 구원은 우리 안에서 다 이루게 된다. 그러나 우리가 그 위대한 본문을 더 자세히 관찰하면 우리는 그 본문이 시간의 연속성과 관련이 있음을 알게 된다. 바울은 '행하게 하려 하심이라'고 말하는데 이것은 시간의 흐름을 함유하고 있다. '연합하다'는 말은 원예와 관련해서 사용된다. 그것은 '접목되다'의 뜻을 가지고 있다. 그것은 예수님의 "나는 포도나무요 너희는 가지라"는 말씀과 유사성이 있다(요 15:6). 그러므로 그것은 성장을 위한 시간을 요한다. 그는 또한 그리스도와 함께 하는 삶을 말하는데, 그것에는 교제와 교통이 수반된다. 마지막으로 그는 우리가 그의 부활을 본받을 것이라고 말하고 있다. 이것은 분명히 우리가 앞으로 소유할 마지막 부활의 생명을 말한다. 그와 같이 사도 바울은 우리의 완전한 구원을 세례와 함께 시작되는 것으로 연결짓고 있다. 그러나 우리가 전체적인 맥락에서 이 위대한 말을 자세히 살펴보았을 때 우리는 그것이 세례와 함께 단번에 이루어지지 않고 단지 그것을 보증하고 있다는 사실을 분명히 알 수 있다. 골로새서 2장 10절부터 12절에서 유사한 내용이 언급되고 있다. 거기에서 사도 바울이 세례와 연결짓고 있는 것은 "육적 몸을 벗는 것이요 그리스도의 할례니라" 또한 "그를 일으키신 하나님의 역사를 믿음으로 말미암아 그 안에서 함께 일으키심을 받았느니라" 그리고 "그 안에서 충만하여졌다"는 것이다.

　사도 바울은 사실상 완전한 조화를 이루면서 구원과 그들의 완전한 구원에 대하여 선포하고 있다. 사도 요한은 "우리가 우리의 죄를 자백하면 저는 미쁘시고 의로우사 우리 죄를 사하시고 모든 불의에서 우리를 깨끗케 하실 것이요"라고 말한다(요일 1:9). 여기에서 사도 요한은 거듭나지 못한 사람을 염두에 두었을 것이다. 왜냐하면 그는 신자 안에 죄의 행위가 있음을 허용하지 않기 때문이다. 신자는 죄를 지을 수 있으나 죄를 지어서는 안 된다. 만일 신자가 죄를 지으면 그리스도는 대언자요 화목제물로서 그를 위해 중보한다(요일 2:1-2). 그러므로 어떤 사람이 자신의 죄를 고백하면 그리스도께서 그를 용서하고 깨끗하게 하신다. 그것이 죽음 이 편에서의 완전한 구원이다. 사도 요한도 죄 용서와 깨끗하게 하는 것 사이에 시간적 간격을 두지 않는다. 히브리서에서도 그처럼 유사한 말을 하고 있다: "저가 한 제물로 거룩하게 된 자들을 영원히 온전케 하셨느니라"(히 10:14). 완전한 구원을 신약의 방법을 통해서 얻을 수 있는 하나의 결과는 사람이 중생과 동시에 완전한 성결을 체험하는 것이 전적으로 불가능하다고 말할 수 없는 것이 사실이라고 나는 생각한다.

물론 웨슬리는 이와 같은 제안에 대하여 당혹해 할 것이다. 그는 다음과 같이 기록하고 있다: "당신들 사이에 우리가 의롭게 될 때에 *성결하게 된다*는 견해가 최근에 일어나고 있으며, 당신도 그 견해에 동조하는 듯이 보인다. 그러한 견해는 완전의 뿌리를 흔들어 놓는 것이라는 사실을 인지하지 못하고 있다. 그것은 완전이 들어설 자리를 없애 버리고 만다. 우리가 중생 때에만 성결을 체험한다는 생각을 가지고 있으면 그리스도인의 성결은 존재하지 않는다."[10] "신자의 회개"라는 설교에서 그는 열정적으로 다음과 같이 말하고 있다: "우리가 성령의 도움으로 몸의 행실을 억누를 수 있지만, 우리는 외적, 내적 죄를 저항하여 물리쳐야 한다; 우리는 우리의 적을 매일 매일 *약화시킬* 수 있지만, 우리는 그들을 *완전히 몰아낼* 수 없다. 중생과 함께 주어진 모든 은혜를 힘입어서도 우리는 그들을 괴멸시킬 수 없다. 우리가 늘 근신하고 열심히 기도해도 우리의 손이나 마음을 완전히 깨끗이 할 수 없다. 주님이 우리 마음에 두 번째로 '깨끗하여라'고 말씀하기까지는 그렇게 되는 것은 거의 불가능하다. 그 때에만 문둥병이

____

10 *Letters*, V. 325.

깨끗해진다. 그 때에만 악한 뿌리, 즉 육신의 생각이 멸하게 된다. 바로 그 때에 우리 안에 뿌리 박혀 있는 죄는 괴멸된다. 그러나 그러한 두 번째의 변화가 없으면, 칭의 후에 순간적인 구원이 없으면, 하나님의 점진적인 사역(점진적인 사역 자체를 부정하는 것은 아님) *외에는 아무 것도 없다면*, 우리는 죽을 때까지 충만한 죄와 함께 살 수 밖에 없으며 또 그것에 만족할 수밖에 없다."11)

그렇게 주장하면서도 그는 그레이스 페디(Grace Paddy)의 경험에 대하여 다음과 같이 말하고 있다: "나는 그와 같은 순간이 있다는 사실을 과거에는 전혀 몰랐다; 그것을 읽어본 적도 없다. 사람이 12시간 내에 죄를 깨닫고, 하나님께 돌이키고, 사랑 안에서 새로워지다니! 그렇지만, 만일 하나님에게는 하루가 천년 같다는 사실을 안다면, 그것은 결코 놀라운 것은 아니다.12) 사실 중생과 완전 성결 사이에 12시간의 간격은 결코 간격이라고 말할 수 없다. 그것은 분명 아주 풍요로운 경험이다. 내가 아는 한 사람은 그의 중생 후 3일 만에 복을 받아 성결의 은혜를 경험하였다. 아마도 그 삼 일 간의 간격은 제법 긴 시간일지 모른다. 다메섹으로 가던 사도 바울의 경험도 유사한 경험일 것이다. 그는 삼 일 동안 보지 못했고 그 후 완전한 복을 경험하였다. 많은 사람들이 믿음을 가진 후에 완전한 성결을 경험하게 된다고 믿는다.

그러나 하나님 편에서는 완전한 구원의 경험을 중생과 함께 한 번에 할 수 없다는 어떠한 이유도 합당하지 않을 것이다. 하나님 편에서는 문제가 없지만, 과거 역사를 보면 그것이 문제가 되어왔다. 그 이유는 사람들의 믿음과 관련되어 있다. 그러므로 우리는 중생과 완전 성결이 한 번의 은혜의 경험 안에서 이루어진다는 것은 비현실적이라고 말할 수 있다. 존 웨슬

---

11 *Sermons*, II. 390-1.
12 *Journal* (September, 1765), V. 143.

리는 두 경험 사이의 시간 간격이 짧으면 짧을수록 두 번째의 경험은 더 풍요롭다고 주장했다. "성결의 은혜를 분명히 경험한 경우를 보면 그 경험이 의롭다함을 받은 후 수일 내에 이루어졌다."13)

(4) 지금까지 우리는 완전 성결을 얻는 문제와 관련해서 세 가지 가능성에 대하여 언급하였다. 만일 우리가 언급한 것이 사실이라면, 일반적으로 그 경험은 중생 후 하나님의 선물로서 두 번째 복으로 오는 경험이라는 점을 지적하고 있는 듯하다. 우리는 중생과 완전 성결이 동시적일 가능성은 인정하지만 그것의 현실성은 인정하지 않았다. 존 웨슬리는 두 번째 복에 대하여 분명하며 확실하다. 그래서 그는 "열성을 가지고 부지런히 형제들이 (1) 주님의 흘리신 보혈의 공로를 의지하여 믿음으로 죄 사함을 얻었다는 사실 위에 굳건히 서서; (2) 모든 죄로부터 구원함을 받아 사랑 안에서 완전해지는 두 번째의 변화를 기대하고 있는가 확인하라"14)고 권면한다. 그리고 다시 "사람이 자기 안에 뿌리 깊이 박힌 죄에 대하여 두 번째 깨우침을 받기 전까지, 그래서 그것으로부터 구원받기 위하여 진지하게 애통하기 전까지 우리는 그들에게 *현재적인* 성결에 대하여 말할 필요가 없다. 우리는 먼저 그들 안에 그러한 깨우침이 일어나도록 애써야 한다. 그들이 그것을 느끼고, 의에 대하여 굶주려 하며, 완전한 구원을 위하여 애통할 때 그들에게 그 경험이 임할 순간임을 제시해야 한다. *바로 그 때가 그들이 단순한 믿음으로 그것을 경험할 때이다*"15)고 말했다.

'두 번째 회심'의 신비성에 대한 많은 글들이 있다. 십자가의 성 요한 (St. John of the Cross)은 그것에 대하여 "영혼이 현재의 위치와 책임이 무엇인지, 그리고 하나님을 위한 봉사가 무엇을 의미하는지, 그에 대한

---

13 *Letters*, Ⅳ. 268.
14 *Letters*, Ⅴ. 215.
15 Ibid., Ⅵ. 145.

각성이 일어날 때 그리고 완전을 향한 하나님의 부르심에 전심으로 응답할 때"라고 말한다. 두 번째 복에 대한 생각을 싫어해야 할 이유가 없다. 그것을 두 번째 믿음의 행동이라고 불러도 무방하다. 그것은 우리 인간 편에서 취해야 할 행동이다. 중생을 위한 믿음은 두 번째 선물을 받는 충분한 믿음이 되지 못한다. 주님과의 교제를 통하여 그를 더 깊이 알게 될 때에 우리는 그가 우리에게 부어 주시는 완전하고도 충만한 구원이 무엇인지 알 수 있게 된다. 그럴 때에 우리는 우리의 믿음에 따라 그것을 받게 된다. 이 문제에 대한 결론은 본 장의 제목을 구성하고 있는 세 개의 요절 속에서 발견된다: (1) 완전 성결은 하나님의 선물이다, (2) 그것은 믿음으로 받아들일 수 있다, (3) 그리고 그것은 지금 받을 수 있다.

완전 성결은 하나님의 선물이다. 그러한 메시지는 올바르게 하나님께 존귀를 돌려 드리는 것이다. 그것은 우리가 언급한 하나님의 거룩성의 파급성과 우리에게 전수되는 예수님의 거룩성에 이미 포함되어 있다. 우리가 명상해온 모든 내용은 우리로 하여금 그 방향으로 결론을 짓도록 유도하고 있다. 전체 기독교 역사를 통하여 볼 때 성도들 사이에 위와 같은 내용으로 만장 일치가 이루어지고 있다고 말해도 무방하다. 니콜라스 그루(Jean Nicholas Grou)는 "성결을 얻는 첫 번째 단계는 은혜로 자극 받아 우리가 노력함으로 밟아진다. 그 마지막 단계는 전적으로 하나님의 일이다"16)라고 말한다. 제거(Paul de Jaegher)는 "내가 전적으로 그분만을 의지하고 나를 신뢰하지 않는다면 나는 나의 이상들이 실현되며 내 안에 그리스도의 생명이 충만히 거하는 날이 올 것을 확신한다"17)고 말한다. 그에 대해 찰스 웨슬리는 다음과 같이 노래한다:

---

16 『영혼 속에 숨겨진 생명』(The Hidden Life of the Soul), p. 26.
17 『신뢰의 미덕』(The Virture of Trust), p. 50.

> *예수께서 나의 마음을 자기 집으로 삼을 때,*
> *나의 모든 죄가 나를 떠나리;*
> *보라 내가 속히 오리라고 주께서 말씀하셨네,*
> *나의 마음을 채우고 다스리시리.*

우리는 하나님의 관대함에 대하여 믿어야 할만큼 믿지 않는다. 우리는 하나님이 피할 수만 있다면 우리에게 주지 않는다고 생각하는 경향이 있다. 그러나 그것은 하나님을 우리 자신이 판단하는 처사다. 신약에서 하나님은 아끼지 않고 은사를 부어 주시는 분으로 묘사되고 있다. 복음의 가장 기본적인 진리는 "하나님이 세상을 이처럼 사랑하사 독생자를 주셨다"는 것이다(요 3:16). 너무 사랑해서 그가 주셨다는 말이다. 하나님의 본질과 행위는 주는 데 있다. 바울은 덧붙여 "자기 아들을 아끼지 아니하시고 우리 모든 사람을 위하여 내어 주신 이가 어찌 그 아들과 함께 모든 것을 우리에게 은사로 주지 아니하시겠느뇨"라고 선언하였다(롬 8:32-33).

우리는 끝이 없는 하나님의 관대함에 대하여 더 많은 믿음이 필요하다. 하나님의 관대함과 우리의 마음을 성결케 하는 것과 연결하여 생각해 볼 필요가 있다. 그가 그 일을 이룰 수 있는 확률은 백 분의 일이 아니라 백 분의 구십 구 아니 백 분의 백이라고 말해야만 한다. 칼 바르트(Karl Barth)는 예수님의 거룩의 본질이 "자기 자신을 위하여는 아무 것도 요구하지 않으나 하나님을 위하여는 모든 것을 요구한다"는 것에 있다고 말한다. 그리고 우리의 거룩은 그 본질 안에서 오직 하나님만을 전적으로 신뢰하며 그분만을 위하는 주님의 비밀을 배워서 우리 마음에 순결함과, 열성과, 완전함을 갖는 것이라 하겠다. 성 테레사는 이렇게 말했다: "우리는 결코 지나치게 하나님을 신뢰한다고 할 수 없다. 우리가 그분께 기대하는 만큼 우리는 받는다."

우리의 삶에 하나님의 선물에 대한 응답은 믿음이다. 믿음은 창조적이 아니라 오직 수용적이다. 만일 내 주머니에 100파운드가 있음을 믿는다고 말한다고 해서 그 믿음이 100파운드가 내 주머니에 있게 만들지는 못한다. 그러나 어떤 사람이 100파운드를 내 주머니에 넣었다고 말한다면 '나는 당신을 믿는다'고 말할 것이며, 결국 나는 그 믿음에 따라 행동할 것이다. 그와 같이 하나님이 "아들 예수의 피가 우리를 모든 죄에서 깨끗하게 한다"(요일 1:7)고 말하면 나는 "나는 그것을 믿는다"고 말할 것이고, 그러면 그 믿음에 따라 나의 마음은 깨끗하게 된다. 깨끗하게 되는 원인은 말씀 즉 하나님의 약속이다. 만일 그러한 약속이 없다면 나의 믿음은 아무 소용이 없어진다. 그러나 그러한 약속이 있으면 그에 대한 믿음은 그 약속이 내 안에서 이루어지게 하는 통로가 된다. 하나님의 말씀 혹은 은혜는 원인이며 믿음은 통로이다. 믿음은 하나님의 말씀과 역사를 받아들인다.

어떤 사람이 우리는 믿음으로 의롭게 되지만 성결하게 되지 않는다고 주장할 때 전자는 하나님과의 변화된 관계를 말하며, 후자는 나의 품성의 변화를 말한다. 이와 같은 대조는 분명 잘못되었으며 비성경적이다. 믿음으로 우리는 죄 사함 받고 의롭게 된다. 그러나 성경은 그 이상의 것을 말한다. 성경은 "너희가 다 믿음으로 말미암아 그리스도 예수 안에서 하나님의 아들이 되었으니"라고 말한다(갈 3:26). 성경은 또한 "내가 가진 의는 율법에서 난 것이 아니요 오직 그리스도를 믿음으로 말미암은 것이니 곧 믿음으로 하나님께로서 난 의라"고 말한다(빌 3:9). 여기에서 보면 아들됨과 의는 믿음으로 주어진다는 사실을 알 수 있다. 이것들은 변화된 관계만을 의미하지 않고 본질적으로 존재 자체의 변화와 상관되어 있음을 의미한다. 아그립바 앞에서 사도 바울은 "죄 사함과 나를〔그리스도〕믿어 거룩케 된 무리 가운데서 기업을 얻게 하리라"고 간증하였다(행 26:18). 그리고 에베소 교인들에게 "믿음으로 말미암아 그리스도께서 너희 마음에 계시게 하옵시고"라고 말한다(엡 3:17). 그리고 사도 베드로는 예루살렘 공회에서 "믿음으로 저희 마음을 깨끗이 하사 저희나 우리나 분간치 아니하셨느니라"고 말하였다(행 15:9). 위의 구절들에서 우리는 성결, 그리스도의 내주, 마음의 깨끗함 등은 모두 믿음으로 받아들여진다는 사실을 알 수 있다. 우리는 하나님이 우리를 사랑한다는 하나님의 말씀뿐만 아니라 신성에 참여케 하는 역사를 인하여 하나님을 신뢰해야만 한다. 웨슬리는 그리스도인의 성례전에 관하여 브레빈트(Brevint)에게서 다음의 말을 인용하고 있다: "오, 이스라엘의 반석, 구원의 반석이여, 그 반석이 깨어져서 나에게 열렸다. 당신의 몸에서 나온 물과 피의 흐름이 용서와 거룩을 내 영혼 속에 가져다 주었다. 죄 사함뿐만 아니라 거룩이 십자가로부터 우리에게 주어졌다. 그리고 이제 내가 그 생명수를 갈급하게 만들었다. 그러기에 옛 성도들은 '십자가에 못 박혀 깨뜨린 몸을 통하여 승리를 가능케 하는 생명의 충만함' 안에서 하나님께 영광을 돌렸다. 헌팅돈(Huntingdon) 백작 부인에게 웨슬리는 "믿음으로 우리는 죄로부터 구원함을 받고 거룩하게 되었습니다"[18]라고 간증하였다. 믿음으로 거룩하게 된다는 것, 그것이 전부이다. 우리가 하나님의 복을 받게 하는 믿음은 정지되어 있는 것이 아니다. 우리를 의롭게 하는 믿음과 우리를 완전히 성결케 하는 믿음은 일치하지 않는다. 믿음은 발전하며, 그 안에 있는 것에 대한 이해와, 질과, 감도를 가지고 있다. 믿음은 자체의 비전과 그리스도와의 교제를 가능케 하는 힘을 통하여 성숙된다. 그 이유 때문에 완전한 구원은 중생과 함께 일어나기가 힘들다. 믿음은 그것을 알고 받는 것과 동일한 것으로 취급되어서는 안 된다. 성경에서 믿음의 여러 가지 조건에 대하여 언급하고 있다. 적은 믿음도 있고, 약한 믿음도 있고, 큰 믿음도 있으며, 믿음의

---

18 *Letters*, V. 258.

확신도 있고, 믿음으로 믿음에 이르게 하며, 이전의 믿음도 있다. 우리는 항상 하나님이 우리 "믿음의 부족함을 온전케" 해 달라고 기도해야 한다 (살전 3:10).

> *나의 믿음의 용량을*
> *넓게 그리고 또 넓히면;*
> *당신 안에 있는 모든 것으로*
> *나의 영혼을 채워 영원하리!*

서로 상충하는 소욕이 있으므로 우리의 믿음은 종종 열매를 맺지 못한다. 안토이넷트 부리그논(Antoinette Bourignon)은 "이 세상에서 내 가슴 속에 당신의 사랑이 가득할 것 외에는 다른 아무 것도 바라지 않노라"고 노래한다. 우리가 이와 같이 바랄 때 믿음은 복을 이끌어 낸다. 미국의 수필가인 에머슨(Emerson)은 삶 속에서 확실하게 얻기 위하여 우리는 아주 조심스럽게 구해야 한다고 말한다. 그것은 평범한 진리이다. 우리는 우리가 받지 못한 많은 것을 구했을지도 모른다. 과연 그렇다. 가장 강한 소원이 실제로 이루어지는 것이다. 우리의 가장 강한 소원 자체가 실현된다는 심리적 법칙이 있다. 영적 영역에서도 이와 같은 법칙이 있다. 그것은 찰스 웨슬리의 찬송가에서 잘 표현되고 있다:

> *당신의 생명을, 순결을, 의를 받아들이기 원합니다;*
> *죄에서 속함 받기 원하며, 구하며, 당신께 의탁합니다.*

우선은 우리가 진정으로 그것을 원해야 한다. 13세기의 화란의 신비주의자 루스브록크(Ruysbroeck)는 "적당히 구하는 사람들은 참 빛을 받지 못한다"고 말했다. 그것 없이도 잘 되어 가는데 그것을 가지는 것에 별로 관심이 없다고 하는 태도로는 그 복을 받을 수 없다. 우리는 진정 깊이

그리고 절망적으로 그것을 원해야 한다. 그리고 구해야 한다. 우리는 진정
으로 바라지 않으면서 구할 수 있다. 그러기에 우리는 구하되 원해야 한
다. 그럴 때 우리의 진지함과 열성은 우리의 소원을 통하여 즉시 승인받게
된다. 그리고 우리는 의탁해야 한다. 그것은 지적인 비전을 뒤따르는 의지
이다. 우리는 원하고, 구하고, 소원하고, 그리고 의탁해야 한다. 그렇게
구원하는 믿음은 은혜의 역사를 받게 된다. 욥기에 나오는 형식을 모방하
여 우리가 구하면 우리는 완전 성결을 경험하게 된다. 그렇다면 그리스도
인의 완전은 어디에 있는가? 자연인은 나에게는 그것이 없다고 말한다.
노력도, 문화도, 철학도, 나에게는 없다고 말한다. 그런 갈등 후에 욥은
그것을 보고 선포한다:

> 강한 믿음이 약속을 보네,
> 그리고 그것만을 바라보네;
> 그것은 불가능을 조롱하네,
> 그리고 이루어졌다고 외치네.

　　여기에서 우리가 완전 성결에 있어서 절대적인 요소는 믿음이라는 사실
을 강조하고 있는 반면 우리는 하나님과의 협동, 우리의 주도적 행동의
필요성을 표현하는 여러 본문이 있다는 점도 받아들인다. 예를 들면, "누
구든지 그의 말씀을 지키는 자는 하나님의 사랑이 참으로 그 속에서 온전
케 되었나니"라고 말한다(요일 2:5). 우리가 드리면 하나님은 거룩케 한
다. 이와 같은 협동은 다음과 같은 웨슬리의 말에서 잘 표현되고 있다:
"우리가 어떻게 이러한 변화를 기다려야 하는가? 무분별한 무관심, 나태한
삶이 아니고, 모든 일에 절대적 순종심과 경계심을 가지고 고통을 견디면
서, 우리 자신을 부정하고 우리의 십자가를 매일 지고, 기도와 금식으로
기다려야 한다....우리가 아주 부지런히 그것을 구하지 않으면 하나님은

그 믿음을 우리에게 주시지 않을 것이다."[19]

그러나 그러한 복이 현재에도 필연적으로 주어지는 것은 아니라고 말한다. 하지만, 그것은 하나님의 말씀 즉 성경의 계시는 그것이 오늘날도 가능하다고 말한다. "오늘날 너희가 그의 음성을 듣거든 너희 마음을 강팍케 말라"(히 4:7-9). "내가 은혜 베풀 때에 너를 듣고 구원의 날에 너를 도왔다 하셨으니, 보라 지금은 은혜 받을 만한 때요 보라 지금은 구원의 날이로다"(고후 6:2). 하나님이 구원을 주심에 있어서 지금[혹은 이제]이라는 시간만이 언급되어 있다. 과거가 있고 지금이 있다. "그 때에 너희는 그리스도 밖에 있었고…세상에서 소망이 없고 하나님도 없는 자이더니 이제는 전에 멀리 있던 너희가 그리스도 예수 안에서 그리스도의 피로 가까워졌느니라"(엡 2:12-13). 미래에 이루어질 것이라는 하나님의 약속도 있다. "너희에게 인내가 필요함은 너희가 하나님의 뜻을 행한 후에 약속을 받기 위함이라"(히 10:36). 그러나 완전한 구원을 주시는 하나님의 시간은 항상 지금이다.

존 웨슬리가 이와 같은 놀라운 구속을 발견하고 얼마나 흥분했겠는가! 그는 "당신이 의롭다함을 받은 순간부터 죄의 능력과 죄책에 대하여 점진적으로 깨달아 오다가, 죄의 뿌리에 대하여 점점 깊이 깨닫게 되고 일순간에 성결케 될 것이다. 누가 얼마나 빨리 그러한 때가 올 줄을 알았겠는가? 왜, 지금은 안 될 이유가 있는가?"[20] 그는 순간적인 복에 대한 진리를 특별히 강조하였다. 그는 그것을 공개적으로 주지시켰으나 자신이 그 교리를 만들어 낸 것은 아니다. 웨슬리가 읽은 적이 있는 4세기의 이집트 교부인 마카리우스(Macarius)는 "하나님의 은혜는 순간적으로 사람을 정결

---

19 『그리스도인의 완전에 대한 명백한 설명』(A Plain Account of Christian Perfection).
20 *Letters*, VII. 222.

케 하여 그를 완전케 할 수 있다. 왜냐하면 모든 것이 하나님께는 가능하기 때문이다. 믿는 바로 그 순간에 변화되어 낙원으로 이끌려 간 십자가상의 강도의 경우가 그런 경우이다." 수잔나 웨슬리(Susanna Wesley)는 아들 존이 나이 24살인 1727년 그에게 쓴 편지에서 "내 사랑하는 아들아 내 말을 믿어라. 나이를 먹으면 삶의 습관과 운명을 바꾸기 위해 선택할 수 있는 최악의 시기에 접어든다…만일 우리가 무시하면…우리가 가난하고 악하게 죽을 수 있는 가능성이 백분의 일 정도 된다"고 썼다. 이렇듯 이들 형제들은 어머니로부터 영적인 일에 대하여 늦출 때의 위험에 대하여 경고를 받았다. 찰스 웨슬리는 그가 지은 많은 찬송시에서 지금 믿음으로 완전 구원을 얻을 수 있다는 메시지를 분명히 그리고 있다. 그 한 예를 들어보는 것으로 족할 것이다:

> 구주여 나의 영혼이 당신을 바라봅니다,
> 당신은 나의 현재의 구주십니다!
> 진직으로 바라며 확신하는 가운네
> 나는 지금 그 복을 요청합니다.

이처럼 하나님이 주시는 완전한 구원은 당신이 지금 취해야 하는 것이다. 웨슬리의 설교자 중 한 사람인 알렉산더 매더(Alexander Mather)는 다음과 같이 간증하였다: "그 복의 충만함은 모든 믿는 자들의 특권이며 지금 단순한 믿음으로 받게 된다." 존 웨슬리는 이렇게 말한다: "하나님이 당신에게 그것을 오늘 맛보게 하시기를 기원한다. 그것을 죽을 때에나 혹은 뒤늦게 기대하는 것은 전혀 기대하지 않는 것이다. 다시 말하노니 당신이 있는 그대로 믿음으로 지금 그것을 기대하라."21)

---

21 『성경적인 구원』(The Scripture Way of Salvation).

<h1 style="text-align:center">7</h1>

사회적, 윤리적, 실천적 이상으로서의 거룩

　기독교회는 지나친 개인주의에 빠져서 사회적 메시지를 무시한다는 이유 때문에 종교적 신앙을 갖지 않은 사회 개혁자들에 의해 여러 모로 비난을 받고 있다. 지나온 수세기 동안 이 면에 있어서 눈에 띠게 실패했다는 점을 인정한다 해도, 전반적으로는 기독교회가 다른 어느 사회보다도 사회 개혁을 위한 영적 감동을 더 많이 주었다고 말해도 무방하다. 그러나 그 문제와 관련해서 기독교회를 비방하거나 변호하려는 것이 본장의 목적이 아니다. 우리의 관심은 사회 복지가 성경의 거룩에 관한 메시지와 불가분의 관계를 가지고 있다는 사실을 밝히려는 것이다. 거룩을 완전한 사랑으로 정의 내리고 그 사랑을 하나님과 이웃 사랑으로 정의 내린 웨슬리에 따르면 그것은 논리적으로 사회 복음을 내포하고 있다. 그러므로 감리교는 18세기와 그 후의 영국의 사회 생활에 지대한 영향을 미쳤다. 역사가 렉키(Lecky)는 『18세기의 영국의 역사』라는 책에서 존 웨슬리는 "16세기 이후에 출현한 어떤 사람보다도 실질적인 종교의 영역에서 건설적인 영향을 광범위하게 끼쳤다"고 말한다. 감리교의 역사는 사회적인 의와 연관된 개인적인 종교를 강하게 강조해 왔음을 보여 주고 있다. 거룩의 내용에 있어서 존재하는 위의 두 요소는 성경에서 병행적으로 나타나 있다. 그리고 우리는 그러한 예들에 대한 관심을 고조시키려고 한다.

　구약에 나오는 성막의 제사와 제물의 목적은 우선적으로 사람을 거룩한 사람으로 만드는 것이었다. 그 제물과 제사는 죄, 죄의 용서, 정결케 함,

하나님과의 교제와 관련되어 있다. 그것들은 일차적으로 개인의 종교 문제와 상관이 있다. 그것들은 또한 거룩한 삶의 윤리적, 사회적, 그리고 실제적 책임과 상관이 있다. 우리는 그 대표적인 예로서 레위기 19장을 들 수 있다. 랍비들은 언제나 그것을 토라의 기본을 요약한 율법의 핵심이라고 여겼다. 2절에서 잘 알려진 함축적인 말을 하고 있다: "너희는 거룩하라. 나 여호와 너희 하나님이 거룩함이니라." 그 후에 하나님이 거룩하신 것처럼 거룩해진다는 것이 무엇을 의미하는지 설명하는 여러 종류의 도덕적이며 실질적 교훈들이 연이어 나온다. 최근의 랍비 헤르츠 박사는 모세오경에 대한 주석에서 레위기 19장에 대하여 "거룩은 추상적이며 신비적 개념이 아니라 사람들의 일상 생활에서 원칙적 규율이다. '너희가 거룩하라'는 말은 앞장의 요점이다....거룩은 세상에서 떠남으로 또는 가족과 국가에 대한 인간 관계를 부인하는 수도사와 같은 은둔 생활을 통해 얻어지는 것이 아니라, 일상적인 아주 작은 일에서 삶의 책임을 완수하는 정신 속에서 의해서 얻어진다. 그런 일상 생활에서 의롭게 살며, 사랑과 긍휼을 베풀며, 하나님과 겸손하게 동행할 때 우리의 매일의 삶은 변화된다." 레위기 19장의 내용을 전부 상세하게 설명하지는 않지만, 그것을 도표로 만들면 우리의 이해를 증진시키는데 도움이 된다.

레위기 19장—실천적 거룩

(1) 거룩의 근원—하나님께 대한 경배
　　나는 너희 하나님 여호와니라(3)

(2) 개인적인 도덕성
　　a. 가정 생활(3)

    b. 도적질하지 말라(11)

    c. 말의 신실성(11, 16)

    d. 순결(29)

(3) 사회적 의

    a. 가난한 자를 위한 배려(9, 10)

    b. 네 자신처럼 이웃을 사랑하라(17, 18)

    c. 일에 대한 대가(13)

    d. 공평한 저울과 추(36)

    e. 모든 관계에서 공의롭게 행함(15, 35)

(4) 국제적 의

    외국인에 대한 사랑(33, 34)

위에서 본 요점들은 인간의 삶에 있어서 모든 영역을 다 망라하고 있는데 바로 그것이 성경에서 말하는 실천적 거룩이다. 이 장에서만 '나는 너의 하나님 여호와니라' 혹은 이와 유사한 구절이 무려 16회 이상 나온다. 도덕성과 사회적 정의가 하나님 안에 즉 종교성 안에 뿌리를 두고 있다는 사실 역시 성경적 거룩에 있어서 중요한 요소이다. 성경은 하나님을 믿는 신앙이 결여되면 도덕성은 오래 갈 수 없다는 메시지에 관한 한 유보적이 아니라 아주 단정적이다. 이렇듯 초기의 행동 강령이 얼마나 고상한가! 형제를 마음으로 미워하지 말고 이웃과 외국인을 자기처럼 사랑하라는 윤리 강령은 참으로 고상하다. 이것이야말로 예수님의 사랑에 아주 근접해 있는 것이 아닌가! 만일 인류가 오랫동안 레위기 19장에 나오는 이 계명에 귀를 기울였다면 인간들의 사회적 여건이 오늘날 얼마나 많이 달라졌

겠는가!

이 19장이 "너희는 거룩하라. 나 여호와 너희 하나님이 거룩함이니라"고 시작하고, 11장도 "내가 거룩하니 너희도 몸을 구별하여 거룩하게 하라"는 유사한 말로 끝을 맺고 있다. 이 부분은 11장의 전반부의 구절들을 통해 너희 자신을 성결케 하는 일에 있어 포함되고 있는 것을 말한 후에 나오고 있다. 전반부는 사실상 먹을 것과 먹지 못할 것에 대한 구별로서, 음식과 마시는 것이 거룩과 관련되어 있음을 시사하고 있다. 이러한 규례는 사실상 오늘날에는 적용되지 않는다. 그것들은 현대의 생활 양식과 아주 거리가 먼 원시 사회와 관계되어 있기 때문이다. 그러나 그것을 지배하는 원리는 아직도 상존한다. 먹는 것(오늘날에는 운동을 추가할 필요가 있다)이 거룩과 직결되는 것이다. 웨슬리는 사람이 매일 한 시간씩은 걸어야 하며, 비가 와서 나갈 수 없으면 식탁 주위라도 걸어야 한다고 말했다.

우리는 '너희도 거룩하라'는 이 구절을 그냥 스치고 지나가서는 안 되며, 그것이 약속인 동시에 명령이라는 사실을 반드시 주지해야 한다. 그것은 우리가 말해온 하나님의 거룩의 파급성에 대하여 설명해 주고 있다. 강조점은 하나님이 거룩하기 때문에 우리도 거룩해야 하며 동시에 우리가 거룩해질 수 있다는 데 있다. '내가 거룩하다'는 말을 주석하면서 유대인 주석가 히르쉬(S. R. Hirsch)는 다음과 같이 말하고 있다: "이것은 당신 자신들을 거룩하게 하라는 의무의 기초를 형성하고 있을 뿐만 아니라 삶의 성결을 얻을 수 있는 당신의 잠재력에 대하여 보증하고 있다. 거룩은 신 존재의 본질 자체다. 하나님은 자신의 영을 당신에게 불어넣어 주심으로 당신이 그의 신적 본성에 동참할 수 있게 만들었다. 그리고 당신에게 그 거룩을 소유할 수 있는 능력도 함께 부여하였다. '내가 거룩하니 너희도 거룩하라'는 명령은 신적 본성에 동참할 수 있음은 물론 '너희도 거룩할 수 있다'는 능력을 포함하는 말이다." 당신은 마치 웨슬리의 말을 듣는 듯 착각

할 것이다.

희년 제도는 위와 같은 진리를 설명하는 또 다른 예이다. 그것은 25장에서 언급되고 있다: "제 오십 년을 거룩하게 하여 전국 거민에게 자유를 공포하라. 이 해는 너희에게 희년이니 너희는 각각 그 기업으로 돌아가며 각각 그 가족에게로 돌아갈지며"(25:10). 대속죄일 나팔을 불 때에 이 희년이 선포되었다. 역사 속에서 어떻게 이 희년 제도가 실질적으로 시행되었는지 분명하지 않으나, 극도의 가난과 부를 배제시킨다는 목적만은 분명하다. 이 사실에 대하여 헤르츠 박사는 "50년 차에 히브리 종들은 가족들과 함께 해방되며, 성곽 내에 있는 집들과 집기를 제외하고 모든 재산이 원래의 주인에게 되돌려진다"고 말하였다. 희년 제도는 치명적인 가난에 대하여 놀라운 안전 장치가 된다. 이 제도로 인하여 집들과 땅이 소수에게 집중되는 것이 방지되며, 빈민들이 없어지며, 자유 보유권을 가진 독립적 종족이 보존된다. 그것은 도덕성을 경제에 접목시키는 놀랍지만 아주 희귀한 경우이기 때문에 이 놀라운 제도가 과연 실제로 운영되었는가 의심하려는 사람들이 많다. 그렇지만 아무 것도 이 희년 제도가 이스라엘의 삶 속에서 수세기 동안에 시행되어졌다는 사실만큼 더 확실한 것은 없다. 중요한 점은 50년마다 있는 이 희년이 한 해 중에 가장 신성한 날 즉 대속죄일에 선포되었다는 사실이다. 그러므로 여기에서 사회 정의와 관계된 사건이 지성소에서의 제사와 연관되어 있다는 사실을 주목해야 한다. 대속죄일은 사람들을 죄의 노예로부터 해방시키고 새로운 삶을 시작하게 하며, 하나님과는 물론 주변 사람들과도 새로운 관계 속에서 살 수 있게 하는 날이었다. 그런데 희년의 목표는 개인을 빈곤의 쇠사슬에서 해방시키며 동시에 사회적 정의에 따라서 새롭게 공동체의 일원으로 살게 하는 데 있다. 이 두 가지 사실은 성경의 말씀처럼 서로 나뉘지 못할 것이다: "그러므로 하나님이 짝지어 주신 것을 사람이 나누지 못할지니라"(마 19:6).

에스겔은 특히 하나님의 거룩성을 증거한 선지자였다. 하나님이 무엇을 하실 때 그것은 "내 거룩한 이름을 위하여" 행한 것이다(겔 36:21). 에스겔 33장부터 39장은 예루살렘이 함락된 후에 쓰여진 때로서 에스겔의 입이 다시 한번 열린 때이었다. 이 부분은 에스겔서의 가장 핵심부를 차지하고 있다. 여기에는 그 유명한 36장의 이스라엘을 정결케 함과 새로운 마음을 선물로 줄 것에 대한 위대한 메시지를 담고 있다: "맑은 물로 너희에게 뿌려서 너희로 정결케 하되 곧 너희 모든 더러운 것에서와 모든 우상을 섬김에서 너희를 정결케 할 것이며 또 새 영을 너희 속에 두고 새 마음을 너희에게 주되 너희 육신에서 굳은 마음을 제하고 부드러운 마음을 줄 것이며"(겔 36:25-26). 이 장은 사실 34장과 연결되어 있는데 그 곳에서 "자기만 먹이는 이스라엘 목자들은 화 있을진저, 목자들이 양의 무리를 먹이는 것이 마땅치 아니하냐....나 주 여호와가 말하노라. 나 곧 내가 내 양을 찾고 찾되...나 여호와는 그들의 하나님이 되고 내 종 다윗은 그들 중에 왕이 되리라"는 말을 하고 있다(겔 34:2, 11, 24). 구약에서 거룩에 대한 위대한 언급 중 하나가 이 곳에 나오는데 그것은 사회적 의에 대한 가장 강렬한 말들과 연결되어 있다.

사도 베드로는 베드로전서 1장에서 우리가 다루어 온 레위기 본문을 인용하고 있다: "오직 너희를 부르신 거룩한 자처럼 너희도 모든 행실에 거룩한 자가 되라. 기록하였으되 내가 거룩하니 너희도 거룩할지어다 하셨느니라"(벧전 1:15-16). 이 서신은 실천적인 거룩에 대한 지침서로서 그리스도인의 사회 생활, 경제 생활 및 실제의 생활에 대하여 다루고 있다. 그가 제시하고 있는 생활 속에서의 제반 관계에 대한 원칙은 "주를 위하여" 복종하라는 것이다(벧전 2:13). 여기에서 그가 강조하고 있는 바는 '복종'과 '주를 위하여'라는 이중성에 있다. 우리는 사도 베드로의 메시지가 신자들의 국가에 대한 자세에 대하여 초대 교회가 견지하고 있는 바를 피력한 것이라고 믿는다.

예수님의 "가이사의 것은 가이사에게, 하나님의 것은 하나님께 바치라"는 말씀은 그리스도인들이 하나님의 나라의 백성이지만 그들이 살고 있는 나라의 법에 순복해야 된다는 자세를 견지하게 하는데 중대한 영향을 미쳤다(마 22:21). 그러기에 사도 바울도 "각 사람은 위에 있는 권세들에게 굴복하라. 권세는 하나님께로 나지 않음이 없나니 모든 권세는 다 하나님의 정하신 바라"고 말하였다(롬 13:1). 또한 사도 베드로도 "인간에게 세운 모든 제도를 주를 위하여 순복하되 혹은 위에 있는 왕이나 혹은…그의 보낸 방백에게 하라….뭇사람을 공경하며, 형제를 사랑하며, 하나님을 두려워하며, 왕을 공경하라"고 말하였다(벧전 2:13, 14, 17). 이 서신에서 베드로는 정부가 악하면 신자들의 행동이 어떠해야 할지의 문제를 다루고 있지 않다. 만일 그가 그러한 정부에 대하여 다루었다면 그가 어떤 말을 했으리라는 것은 설교를 중지하라고 명한 산헤드린 앞에서 자신이 사도 요한과 함께 취한 행동을 통해서 볼 때 자명해 진다: "베드로와 요한이 대답하여 가로되 하나님 앞에서 너희 말 듣는 것이 하나님 말씀 듣는 것보다 옳은가 판단하라"(행 4:19).

사람은 자신의 양심의 소리에 복종해야 한다. 만일 정부의 요구가 하나님의 말씀에 위배되면 사람은 하나님께 순복해야 한다. 사도 베드로는 그 점을 이 곳에서 말로만 제기한 것이 아니라 자기 자신의 행동을 통하여 제시하고 있다. 이 문제에 대한 대답은 오래 전에 이미 다니엘서에서 주어졌다. 사드락과 메삭 그리고 아벳느고가 느브갓네살 왕이 만든 황금 신상 앞에서 모든 사람은 엎드리어 절해야 된다는 왕 앞에서 "만일 그럴 것이면 왕이여 우리가 섬기는 우리 하나님이 우리를 극렬히 타는 풀무 가운데서 능히 건져내시겠고 왕의 손에서도 건져내시리이다"고 대답하였다(단 3:17-18). 사도 베드로는 이와 같은 순복의 정신에 대한 예수님 자신의 예를 다음과 같이 인용하고 있다: "그리스도도 너희를 위하여 고난을 받으사 너희에게 본을 끼쳐 그 자취를 따라 오게 하려 하셨느니라.....욕을 받으시되 대신 욕하지 아니하시고, 고난을 받으시되 위협하지 아니하셨다"(벧전 2:21, 23). 또한 베드로는 "그러나 나는 섬기는 자로 너희 중에 있노라"는 예수님의 말을 잊어버리지 않았을 것이다(눅 22:27). 또한 그는 예수님이 "저녁 잡수시던 자리에서 일어나 겉옷을 벗고 수건을 가져다가 허리에 두르시고 이에 대야에 물을 담아 제자들의 발을 씻기신" 사건을 잊지도 않았을 것이다(요 13:4, 5).

권세있는 자들에게 순복할 것을 말한 후 베드로는 고용과 관련된 문제에 대하여 "사환들아 범사에 두려워함으로 주인들에게 순복하라"고 말한다(벧전 2:18). 사도 바울은 이 말에 덧붙여서 "상전들아 너희도 저희에게 이와 같이 하고 공갈을 그치라"고 말한다(엡 6:9). 비록 그와 같이 말을 하지 않았을지라도 베드로도 바울의 말에 동의하였을 것이다. 두 사도가 노예 제도를 탄핵하지 않고 단지 종들이 상전들에게 순복할 것을 말하고 있다는 사실은 흥미로운 일이다. 노예 제도를 탄핵할 시기가 무르익지 않았으나, 사도 바울이 빌레몬에게 그의 노예인 오네시모에 대하여 말할 때 빌레몬에게 그를 노예로 받아들이지 말고 사랑하는 형제로 받아들이라는 요청은 그 저변에 노예 제도의 기초를 침식시키는 요인이 되었다.

이러한 순복을 통해 영혼에게 찾아오는 영적 축복은 채프만(Dom John Chapman)이 그의 영감 어린 편지에서 언급한 하나의 예를 통해서 잘 설명되고 있다. 어느 소녀가 수녀로서의 삶을 살기 위하여 수녀원에 들어갔다. 그녀는 그 전의 엎치락뒤치락 하던 일상 생활을 뒤로 두고, 새 삶 속에서 만나게 될 거룩한 사람들에 대하여 생각하면서 흥분하게 되었다. 그런데 그녀는 수녀 반장이 아주 나쁜 성격의 소유자며 마음 내키지 않는 행동을 하는 여인이라는 사실을 발견하게 되고 크게 실망하고 갈등하게 되었다. 그녀는 너무나 낙망한 끝에 채프만에게 편지를 써서 마음의 짐을 벗어버리기 원했다. 그는 "하나님께서 이러한 순복을 통해서 우리에게 의도하고 있는 완전은 우리가 속해 있는 질서 혹은 제도가 불완전하고 우리의 윗사람들이 과오가 있지만 그럼에도 불구하고 우리가 순복할 때 하나님은 그러한 것들을 통해서 우리 안에 완전을 이루어 나아가도록 역사하는 법이다"고 그녀에게 답장을 썼다.

정부와 고용과 관련된 행위에 대하여 쓴 후에 베드로는 "아내된 자들아 이와 같이 자기 남편에게 순복하라"(벧전 3:1), 그리고 "남편 된 자들아 이와 같이 지식을 따라 너희 아내와 동거하고 저는 더 연약한 그릇이요 또 생명의 은혜를 유업으로 함께 받을 자로 알아 귀히 여기라. 이는 너희 기도가 막히지 아니하게 하려 함이라"고 말한다(벧전 3:7). 지금 우리 나라에는 집이 매우 부족하다. 그러나 더 부족한 것은 가정이다. 거룩은 가정을 만든다.

마지막으로 베드로는 교회 내의 삶에 있어서도 순복의 필요성을 말하고 있다. 젊은이는 연장자들에게 또한 성도 서로 간에 순복할 것을 말한다: "젊은 자들아 이와 같이 장로들에게 순복하고 다 서로 겸손으로 허리를 동이라. 하나님이 교만한 자를 대적하시되 겸손한 자들에게는 은혜를 주시느니라. 그러므로 하나님의 능하신 손 아래서 겸손하라. 때가 되면 너희를 높이시리라. 너희 염려를 다 주께 맡겨 버리라. 이는 저가 너희를 권고하심이니라"(벧전 5:5-7).

복음서에 나오는 예수님의 가르침 속에서 강하게 강조되고 있는 바는 사회 생활과 관련된 것이다. 예수님을 사랑하는 사람이라면 이 사실을 모두 환영한다. 이러한 가르침은 보편적으로 적용되며 유용성이 있지만, 일차적으로는 하나님의 나라에 들어간 사람들에게 주어진 가르침이다. 그래서 맨슨(T. W. Manson)은 다음과 같이 말하였다: "예수님의 프로그램은, 그렇게 불러도 좋다면, 일차적으로는 사회 개혁을 위한 계획이 아니고 종교적 부흥을 위한 요청이다....예수님이 기대하는 선의 종류는 종교적 변혁의 결실이다."[1] 예수님의 가르침에서 거룩은 종교적 행위 속에, 형제애와 봉사에서, 그리고 전적인 하나님에 대한 의존을 통해서 나타난다. 그리스도인들에게 있어서는 모든 삶의 부분에서 나타나는 거룩의 모형은 예수이시다. 거룩이 우선적으로 하나님 자신과 예수님의 거룩의 수용인 만큼, 거룩하게 된다는 것은 하나님과 그리스도처럼 된다고 말할 수 있다. 바로 그것이 신약의 가르침이다: "하늘에 계신 너희 아버지의 온전하심과 같이 너희도 온전하라"(마 5:48); "주의 어떠심과 같이 우리도 세상에서 그러하니라"(요일 4:17). 거룩해진다는 것은 예수처럼 된다는 것을 말한다.

오순절 이후 예루살렘에 있는 교회에서 믿는 사람들은 "모든 물건을 서로 통용하고 또 재산과 소유를 팔아 각 사람의 필요를 따라 나눠 주었다"(행 2: 44, 45). 그들은 공통의 기금을 만들었고 그것으로 어려운 사람들을 도와 주는 일이 일어나게 되었다. 요점은 성령의 임하심으로 사회적 동정심을 일깨웠다는 점이다. 순결함은 돈지갑을 열게 한다. 그래서 사도 요한은 편지에서 완전한 사랑에 대하여 "우리도 형제를 위하여 목숨을 버리는 것이 마땅하니라. 누가 이 세상의 제물을 가지고 형제의 궁핍함을 보고도 도와 줄 마음을 막으면 하나님의 사랑이 어찌 그 속에 거할까 보냐"고 말한다(요일 3:16-17). 우리가 이미 언급한 신구약의 예들은 성경에는 성경적 거룩의 전체를 차지하고 있는 사회적 의에 대하여 강력하게 선포된 메시지가 있다는 점을 밝히기에 충분한 예들이다. 이러한 말은 우리를 사회주의자 자유주의자 혹은 보수주의자로 나누는 말이 아니라 사회적 필요에 대하여 능동적인 동정심을 갖도록 만든다는 것이다.

---

1 『예수의 가르침』(The Teaching of Jesus), 297, 299.

성경에서 말하는 거룩의 환경은 항상 공동체와 관련되어 있다. 그것은 개인을 다루지만 사회와 연결되어 있다. 신약에서는 복수의 성도(saints)라는 말이 단수의 그것(saint)보다 훨씬 많이 나온다. 그러한 사실은 구약에서도 마찬가지다. 이와 관련하여 유대인 철학자 라사로(Moritz Lazarus)는 다음과 같이 말한다: "거룩의 의무 또는 이상이 토라에서 언급될 때마다 복수형이 변함없이 사용되고 있다. 왜냐하면 멸망당할 사람이 거룩을 얻을 수 있는 유일한 길은 사람들이 공동체, 사회, 또는 왕국의 일원으로서 위대한 일을 위하여 혹은 이상을 위하여 서로 협동할 때이다." 신약에서는 이와 같은 진리가 에베소서 4장에서 선포되었다. 그 곳에서 사도 바울은 '성도를 온전케 하며' 또는 '그리스도의 몸을 세우려 함이라'는 말을 하고 있다. 여기에는 거룩의 개인적이며 공동체적 요소가 잘 섞여 있다. 우리 개신 교회는 지나치게 개인적 요소를 강조하는 경향이 있다. 그리스도는 아주 적은 소수의 사람들을 위하여 죽지 않았다. 그는 전 인류를 위하여 죽었다. "하나님이 세상을 이처럼 사랑하시"라고 말한다(요 3:16). "이는 하나님께서 그리스도 안에 계시사 세상을 자기와 화목하게 하시며"라고 사도 바울은 말한다(고후 5:19). 그래서 찰스 웨슬리는 다음과 같은 찬송을 부르고 있다:

> *주께서 고난 당하사 세상을 구속하셨네;*
> *모두를 위해 그가 속량 제물 되셨네;*
> *주께로 나오지 않는 사람들을 위해서도*
> *속량 제물로 자신의 생명을 드리셨네.*

내게 무슨 특별한 것이 있어서 내가 구원받은 것이 아니라, 내가 주께서 위하여 죽으신 사람들의 일원이기 때문이다. 거룩은 이처럼 우선은 개인에게 해당되는 반면, 또한 그리스도인 공동체와, 더 멀리는 세상과 불가분의 관계가 있다.

거룩은 지적으로나 혹은 육체적으로나 일을 하도록 자극한다. 웨슬리 형제가 이룩한 업적 중의 하나는 수도원에 갇혀 있던 거룩의 메시지를 세상으로 가지고 와서 일터와 가정을 아름다운 곳으로 고양시킨 점이다. 토마스 카라일(Thomas Carlyle)은 "나는 이 세상에서 성도인 농부보다 더 고귀한 것을 알지 못하며 어느 곳에서도 만날 수 없다"고 말하였다. 고대 그리스 시인 헤시오드(Hesiod)는 "신들은 미덕보다도 땀을 더 귀하게 여긴다. 그것은 아마 지나친 표현일 수도 있으며 전적으로 진리는 아니겠으나 그것은 인간의 육체적 노동의 영성과 존귀성을 강조하는 것이다"라고 말하였다.

> 이 말을 듣는 종은
> 추하게 보이는 일을 신성시 하네;
> 주께 대하듯 방을 청소하는 사람은,
> 자신의 노동을 즐거움으로 *바꾸네*.

위의 가사는 조지 허버트(George Herbert)의 것이고 다음은 찰스 웨슬리의 것이다:

> 당신의 지혜로 맡기신 일
> 　오, 제가 기쁨으로 완수하게 하소서.
> 나의 일 속에서 당신이 함께 하심을,
> 　당신이 용납하시는 뜻임을 알게 하소서.

게으름과 거룩은 결코 함께 하지 않으나 일과 거룩은 동행한다.

거룩은 지성이라는 일반적 문화를 거부하지 않고 일반적으로 증진시킨다. 기독교 역사를 통해 볼 때 복음이 세상을 수용하느냐 아니면 부정하느냐 하는 문제는 아주 심각한 문제로 등장했음을 안다. 그러나 진리는 양극단을 배격하고 양자를 혼합하는 것인 듯 싶다. 하나님의 놀라운 세계 안에 있는 모든 선한 것들은 구속함을 받은 사람들이 추구하고 탐구해야 할 대상이다. 그들은 자신들의 건강, 기회 그리고 복음을 전하라는 요청에 의하여 제한적으로 행동해야 될지 모른다. 종교적이 아닌 어떤 것도 무시하는 경건성은 그 생명력을 잃게 될지도 모른다. 거룩이 일반적인 문화와 연결된다는 사실을 설명하기 위한 한 예로서 프란시스 해버걸(Francis Havergal)의 생애를 택해도 좋다. 그녀가 작사한 헌신 찬송시와 그녀의 헌신된 삶은 너무나 잘 알려져 있다. 그녀는 아침 일찍 일어났으며, 부지런한 여인이었다. 그녀는 독일어와 프랑스어를 말할 수 있었으며, 헬라어와 히브리어에 대한 지식도 있었다. 그녀는 "나는 내 조카들이 저녁 준비차 손을 씻고 있을 동안에 모든 라틴어 동사를 배웠다. 나는 그들이 소요하는 시간보다 더 빨리 5분 내에 준비할 수 있었기 때문이다"라고 말하였다. 그녀는 뛰어난 음악적 재질과 바느질 솜씨를 기지고 있었다. 그녀는 후에 "한 동안 나는 거의 매일 약 30분 정도 시간을 드려 셰익스피어 작품을 정독하였다. 나에게는 더 많은 지식적인 욕구가 있었으며 그리고 적당히 얼버무리는 생각과 언어에 만족하는 것을 피하고 싶어서 지식적인 것과의 접촉이 필요한 것처럼 느껴졌다." 셰익스피어에 대한 언급은 시를 무척이나 사랑한 존 웨슬리를 기억나게 한다.

토마스 월쉬(Thomas Walsh)는 12개월의 학습 후에 영어 성경처럼 히브리 성경을 읽을 수 있었다. 나는 히브리어를 3년이나 공부하고 중도에 포기한 사람을 안다. 성도들의 생애 속에서 우리는 음악, 예술, 문학, 과학, 교육은 성도들에게 닫혀진 영역이 아니라고 말할 수 있다. 성도들의 최우선적인 관심사는 구세주를 알리는 일이다. "만 입이 내게 있으면 그 입 다 가지고 내 구주 주신 은총을 늘 찬송하겠네"라고 찬송하는 것이 주된 일이지만, 시간과 기회가 주어지는 대로 하나님이 지으신 놀라운 창조에 대하여 가능한 배워서 삶의 임무를 수행하기 위하여 알맞게 자신을 준비하여야 한다. "종말로 형제들아 무엇에든지 참되며, 무엇에든지 경건하며, 무엇에든지 옳으며, 무엇에든지 정결하며, 무엇에든지 사랑할만하며, 무엇에든지 칭찬할만하며, 무슨 덕이 있든지, 무슨 기림이 있든지, 이것들을 생각하라"(빌 4:8).

8

존 웨슬리의 이차적 지침

우리는 이미 존 웨슬리를 여러 차례 인용하였다. 그렇지만 그로부터 얻을 수 있는 지침이 더 많이 있다. 신약 시대 이래로 완전 성결에 관한 문제에 대하여 어느 누구보다도 더 많은 도움을 준 사람이 웨슬리라고 말해도 무방할 것으로 생각한다. 그러므로 이 장에서는 믿음과 경험에 대하여 굶주려 있는 수많은 사람들에게 도움이 된다고 느껴지는 글들을 모아서 생각해 보려고 한다. 우리가 항목마다 숫자를 붙여 나가면 더 명료해 질 것이다.

(1) 정의. 그는 완전 성결에 대하여 어떤 확정된 정의를 내리려고 하지 않았다. 그는 그 주제에 대하여 철학적 또한 심리학적 진술을 내리려고 애쓰지 않았다. 우리가 부르는 그의 정의는 대부분 완전 성결에 대한 비판자들 내지 추구하는 사람들의 비판이나 요구에 의하여 내려진 것이다. 그리고 그의 정의는 성경적 설명이다. 1758년에 그는 "나는 논쟁을 아주 싫어한다. 그리고 내가 머리카락을 붙잡힌 채 강제로 그 논쟁에 휘말려 들어간 것 외에는 스스로는 논쟁에 개입하지 않았다"1)고 말하였다. 그는 체계를 만든 조직 신학자가 아니라 선지자였다. 그는 철학적 분석이 아닌 비전을 가지고 순종하고 헌신한 성자들과 영웅들의 반열에 속하는 사람이다. 그는 참다운 의미에서 성경의 저자들을 대물림한 사람이다. 테일러는 "그〔존 웨슬리〕처럼 깊이를 볼 수 있는 눈을 가진 사람이 위대한 형이상학자인 플라톤이 그랬던 것처럼 체계를 만들기를 거절하였다"2)고 말하였다.

---

1 *Letters*, Ⅳ. 10.

웨슬리는 성경 말씀 자체가 그것에 대한 다른 어느 철학적 분석보다도 더 많은 것을 계시하고 더 변화시키는 것으로 여길 정도로 성경에 대한 경외심을 가지고 있었다. 그러므로 그가 내린 정의는 성경에 대한 설명 자체였다.

다음의 한 예는 약간은 길지만 그의 기본적 자세에 대하여 알려 줄 것이다. 그것은 어떤 사람이 완전하다는 것은 무엇을 의미하는가라는 런던 감독의 질문에 대한 답변으로 쓴 편지에 나온다. 웨슬리는 다음과 같이 썼다: "'그리스도 예수의 마음'이 그 안에 있으며, '그가 행한 것처럼 행하는' 사람을 의미한다. 그리고 그는 '청결한 마음과 깨끗한 손'을 가진, 다시 말하면 '육과 영의 온갖 더러운 것에서 자신을 깨끗케' 한 사람이다....그는 또한 하나님께서 '영, 혼, 육' 모두를 성결케 한 사람이며, '어두움이 조금도 없으신 그분이 빛 가운데 계신 것 같이 빛 가운데 행하는 사람'이다. 그의 아들 예수의 피로 '모든 죄에서 깨끗하게' 되었으며...그는 삶과 '모든 행실에서' 그를 거룩하다고 부르신 하나님처럼 거룩하다. 그는 '온 마음과 힘을 다하여 주 하나님을 사랑한다.' 그는 또한 이웃을—비록 '우리를 멸시하고 핍박하는 자'들이라도—'그리스도가 우리를 사랑한 것처럼' 그리고 자기 자신처럼 사랑한다."3)

이처럼 웨슬리는 완전한 사람에 대하여 연속적으로 성경을 인용하여 설명하였다. 바로 그것이 그가 정의를 내릴 때 사용한 방법이다. 그는 성경에 대한 자신의 설명보다 성경 자체의 설명에 더 큰 믿음을 두었다. 우리는 이 은혜의 상태에 붙여져야 할 이름에 대하여 그의 무관심 속에서 그의 영적 기질이 똑같이 나타나 있음을 알게 된다. 그는 "만일 그 이름이 논쟁의 여지가 없으면, 우리가 그것을 어떻게 불러야 할지에 대하여 조심할 필요가 없다"4)고 말한다. 그리고 다시 "모든 놀랍고 화려한 어휘들을 피하

---

2 *The Faith of a Moralist*, pp. 2, 392.
3 *Letters*, II. 280.

라. 진정 당신은, 완전 성결, 제 이의 축복 등 무슨 어휘든지, 그것에 일반화된 이름을 붙일 필요가 없다"5)고 말한다. 그는 스스로도 이 완전 성결의 상태를 설명하기 위하여 여러 가지 어휘들을 사용한다. 예를 들면, 그리스도인의 완전, 완전한 사랑, 그리스도인의 거룩, 완전한 성결, 완전한 구원, 영광스러운 자유, 사랑 안에서 새로워짐, 하나님에 대한 순수한 사랑, 하나님의 온전한 형상 등이다. 이것들 역시 그가 사용한 이름 전체를 망라한 것은 아니다.

분명히 웨슬리는 어떤 이름을 가진 장미라도 향기가 좋듯이 깨끗한 마음도 마찬가지라고 믿었다. 그래서 그는 믿음과 경험으로 이끄는 성경적 설명에 더 많은 관심을 가졌다. 정의는 경험에 의해서 도출된다: 정의 자체는 복을 받는 기본 요소는 아니다. 오늘날 가장 필요한 것은 정확한 정의가 아니라, 성경에서 다양한 방법으로 그토록 많이 약속되어 있는 이 복을 주장하는 거룩한 충동이다. 사무엘 채드윅은 그가 죽던 해에 이렇게 말했다: "나를 인도하는 지침서는 나를 어지럽게 히였다....내가 추구하는 것은 교리가 아니었다. 내가 필요로 했던 것은 경험이었다." 결론적으로 우리는 위대한 약속을 기도를 통하여 하나님 앞으로 가지고 가는 것이며, 또한 성령이 우리를 강권하시어, 어쩌면 순간적으로, '그 아들 예수의 피가 우리를 모든 죄에서 깨끗케' 하는 것이며(요일 1:7), 그리고 이렇게 말하는 것일지도 모른다, "주님, 저는 이것이 무엇을 의미하는지 정확히 모르지만 분명 내가 가지고 있지 않으나 필요로 하는 것이니, 당신이 이 일을 내 안에서 이루어 주소서"라고 기도하는 것이다. 하나님은 당신을 실망시키지 않을 것이다: "너희를 부르신 이는 미쁘시니 그가 또한 이루시리라"(살전 5:24). 그렇게 해서 당신은 경험하게 되며 그 경험은 당신에게 더욱

---

4 『일지』(Journal), Ⅳ. 480.
5 *A Plain Account.*

분명한 정의를 제공한다. 하지만 당신이 최종적인 정의를 내릴 수 있을지 의문이 간다. 비록 그렇다 하더라도 그 충만한 복은 믿음으로 지금 당신의 것이 된다.

(2) 그 복은 지금 믿음에 의해서 순간적으로 당신의 것이 되지만, 보통은 은혜의 점진적 사역이 그것에 선행하며 후에도 항상 지속된다. 우리는 이 교훈이 주는 메시지에 대하여 제 6장에서 아주 자세하게 다루었다. 그러므로 이에 대한 언급은 반복적이기 때문에 제외시킨다. 다만 이 곳에서는 한 가지만 추가할 것이다. 쉐필드에 있는 한 사역자에게 쓴 편지에서 웨슬리는 이렇게 말한다: "칭의는 물론 성결에 관한 한 하나님의 역사는 의심할 바 없이 순간적이다. 그리고 그것들이 또한 점진적이라는 사실에 전혀 반대하지 않는다. 다른 사람들이 어떻게 하든 신자들이 완전을 추구하도록 분명하게 그리고 강하게 권면하며 그들이 단순한 믿음으로 완전한 사랑을 기대하되 *지금* 그것을 기대하도록 격려하는 것이 우리의 의무이다. 이러한 선포를 통하여 항상 하나님은 복을 주시되, 마음이 정직한 자에게 그 복이 주어진다."6)

순간적인 복에 대한 메시지가 바로 웨슬리의 가르침에 대한 폭풍같은 비판의 대상이었다. 순간적 완전 성결은 웨슬리만이 애용하는 견해라고 불려져 왔다. 물론 그것이 웨슬리가 애용하는 견해라고 해석해도 무방하다. 그러나 또 다른 해석이 가능하다. 말하자면, 웨슬리는 18세기의 선지자로서 성령이 사용하셔서 믿음에 의한 구원을 가르친 종교 개혁에서 암시적이었던 완전 성결의 메시지를 명시적으로 드러낸 사람이었다. 바로 그 메시지는 두 세기에 걸쳐서 잠자고 있어서 몇 사람들을 제외하고는 대부분의 사람들이 주지하지 못했다. 레슬리 처치(Leslie F. Church)는 조지

---

6 *Letters*, Ⅶ. 267.

셀(George C. Cell)의 『요한 웨슬리의 재발견』이라는 책에서 다음과 같이 인용하고 있다: "웨슬리의 그리스도인의 완전에 관한 교리는 부주의하게 감리교의 신학적 지역주의에 편승한 것이라고 사람들이 낙인을 찍었다....그러나 실상 웨슬리는 개신교의 은혜의 윤리와 가톨릭의 성결의 윤리를 독창적으로 종합했다." 처치 박사는 "물론 초기 감리교인들이 그 교리의 개념에 대하여 서로 다르다는 사실을 인정하지만 이 메시지는 마음을 열어 받아들여질 것이다"고 말하였다.7)

  예수님을 "세상 죄를 지고 가는 하나님의 어린 양"이라고 증거한 세례 요한의 입장(요 1:29)과 웨슬리의 입장을 유사하게 생각해도 무방할 것이다. 세례 요한은 자기 자신의 깨달음이나 판단을 피력하지 않고 다만 자기가 들은 바를 증거할 뿐이라고 했다. 웨슬리의 경우는 그것과 정확히 일치하는 것은 아니다. 우리는 그의 마음 속에 있는 관심과 변화를 알고 있지만 그것은 신령한 계시를 부정적으로 만드는 것은 아니다. 우리는 웨슬리의 생각이 행동으로 나타났음을 인정하면서도, 그 사실과 함께 그가 도출한 결론은 동시에 하나님의 말씀에 의한 것임을 인정한다. 그 말씀이야말로 성령에 의해 구속의 은혜의 방법들이 놀랍고 신비하다는 사실을 드러내고 있다. 나는 순간적인 완전 성결의 메시지가 존 웨슬리만이 애용하는 견해가 아니라 하나님의 마음과 구속의 방법에 대한 성령의 계시라고 주장한다. 그것은 성육신과 속죄의 열매다.

> 지금, 아담의 모습을 제거하시고,
> 당신의 형상을 그 자리에 인치소서;
> 위로부터 두 번째 아담의 형상으로,
> 당신의 사랑 안에서 바꾸소서.

---

7 『초기 감리교인들』(The Early Methodist People), p. 125.

이 진리는 사람의 마음 속에 역사하는 성령의 다양한 사역과 우리가 갖는 하나님과의 영교의 정도에 따라 비례적으로 그리스도인의 삶을 끝없이 풍요롭게 한다는 사실을 드러낸다. 그것은 지나치게 배타적으로 또는 초점 없이 언급될 수 있다. 그리스도인의 삶이 여러 단계로 성장한다는 것을 도외시하는 것은 아주 위험하다; 삶의 매 순간마다 내주하는 성령의 사역을 도외시하는 것은 위험하다. '순간마다 그의 사랑 안에서 내가 보호받으며, 순간마다 위로부터 생명을 가지고 산다'는 사실을 잊어버리는 것은 위험하다. 하나님이 어떤 순간에 행하신 일이 매 순간마다 하는 일을 제거하지 않는다. 그러나 탈락되었거나 잘못 언급되었기에 메시지 자체가 잘못된 것은 아니다. 감리교인들은 이 진리에 대하여 간절한 마음을 가져야 한다. 우리는 그 비전을 위해서, 그것의 경험을 향하여, 그리고 그것을 전하라고 부르심을 받았다. 그의 피가 완전히 지금 깨끗하게 할 수 있다는 사실을 우리가 말할 수 있다면 그것은 정말 능력 있는 복음이 된다. 우리는 영적 빈혈증과, 도덕적 해이와, 의지 박약증으로 고통당하고 있다. 우리는 믿고 '하나님이 주신 약속을 붙잡는' 의지가 결여되어 있다. 이제 우리 모두 완전 성결의 복이 믿음으로 지금 우리에게 주어진다는 사실로 인해 기뻐하자.

> *주님의 말씀에 따라 되어지이다!*
> *우리를 모든 죄에서 구속하소서;*
> *주님, 내 마음이 당신을 이제 받으오니,*
> *나의 주여, 들어오소서, 들어오소서!*

(3) 완전 성결에 대한 영의 증거가 있을 수도 없을 수도 있지만, 그 증거는 반드시 추구되어야 하며 선포되어야 한다. 웨슬리는 완전 성결과 칭

의에 대한 증거에 관하여 생각을 바꾸었다. 처음에는 영의 증거 없이는 그 경험이 불가능하다고 말하였으나, 나중에는 증거 없이도 경험할 수 있으나 그래도 증거를 추구해야 한다고 말을 바꾸었다: "나는 수년 동안 영접한다는 생각이 칭의의 믿음에 필수적이라고 생각하지 않았다."[8] 다시 "성결의 증거는 성결함을 받은 모든 사람들이 *주장해야* 할 하나의 특권이다. 그렇지만, 성결함을 받은 모든 사람들이 그것을 *즐긴다는 것*은 사실이 아니다. 참으로 성결을 경험한 (하나님께 *전적으로 드려진*) 사람들 중 많은 사람들이 그 역사가 나타난 순간부터 그것을 즐기지 못하고 있다."[9]

수디(Southey)는 자신의 『존 웨슬리의 생애』라는 책에서 다음과 같이 그의 말을 인용하고 있다: "50년 전 우리는 순수한 마음으로 영국의 선량한 백성들에게 그들의 죄가 용서받았다는 것을 알지 못한다면 그들은 하나님의 저주와 진노 아래 있는 사람들이라고 말했을 때, 내가 놀란 것은 그들이 일어나서 우리에게 돌질을 하지 않았다는 사실이다. 우리는 확신이 하나님의 백성들에게 있는 공통적 특권이라고 항상 설교하지만, 그렇다고 저주까지 하면서 그것을 강요하지 않는다." 완전 성결에 대한 증거는 고린도전서 2장 12절에 암시되어 있다: "우리가 세상의 영을 받지 아니하고 오직 하나님께로 온 영을 받았으니, 이는 우리로 하여금 하나님께서 우리에게 은혜로 주신 것들을 알게 하려 하심이라." 완전 성결은 하나님께서 은혜로 주신 것들 중 하나로서 우리가 그것을 가지고 있음을 알 수 있고 또한 영의 증거를 가지고 있다. 이 본문에 대한 아더 예이츠(Arthur S. Yates)의 주석을 보라.[10]

영의 증거와 같은 일은 없으며 단지 감정일 뿐이라고 말하는 사람들에

---

8 *Letters*, V. 359.
9 Ibid., 78.
10 『확신의 교리』(The Doctrine of Assurance), p. 116.

대하여 나는 이해하고 동정심을 가질 수 있다. 그러나 칭의에 대한 영의 증거는 있지만 완전 성결에 대한 어떤 증거도 있을 수 없다고 말하는 사람에 대하여는 나는 이해할 수 없다. 우리가 자신을 속이지 않는다면, 그리고 하나님이 어떤 것에 대하여 인간의 영혼에 알려 주시는 분이라면, 분명히 완전 성결을 포함하여 많은 것들에 대하여 반드시 알려 주신다. 만일 하나님이 자신을 개인의 영혼에 계시하시는 분이라면 그 일을 반복하여 행하셔야만 한다. 우리는 영의 증거에 대하여 추구할 권한이 있다. 그렇다면 우리가 무엇을 얻기를 기대하겠는가? 그것에 대한 증거는 중생에 대한 증거와 본질상 유사하다. 영의 증거에 대한 두 번째 설교에서 웨슬리는 그것은 혹은 외적 음성일 필요는 없지만 "하나님은 자신의 즉각적인 영향으로 그리고 강하지만 설명할 수 없는 방법으로 영혼 속에 역사함으로 영혼의 폭풍과 파도를 잔잔케 하신다. 그리하면 마음은 예수님의 팔에서 쉼을 누린다."

완전 성결에 대한 증거도 이와 유사하다. 신자는 외인이나 혹은 밖의 사람으로서가 아니라 내부인으로 그 진리를 선포하는 위대한 성경 본문과 찬송가와 조화를 이루고 있음을 발견하게 된다. 약속이 마음 속에서 생생하게 들릴 것이고 그 마음은 아멘으로 화답한다. 그 음성은 아주 작은 소리지만 깊은 평안을 준다. 오늘날 많은 사람들이 우리 마음에 있는 것이 무엇인지 참으로 알 수 없기에 모든 죄가 마음에서 완전히 제거된다는 증거를 할 수 없다고 강력히 경고한다. 우리는 그 경고를 받아들일 준비가 되어 있지만, 하나님이 모든 죄로부터 마음을 깨끗이 씻는 것에 대하여 의미하는 바를 행하실 것을 간구하였고, 하나님은 그 일을 하였다고 믿으며, 더 이상의 정의를 내리지 않겠다는 말을 하기를 원한다. 나의 증거와 하나님의 증거는 일차적으로는 나의 상태에 대한 것이 아니라 하나님의 구속의 역사에 대한 것이다. 여기에서의 논점은 우리가 증거 없이 그 복을

받을 수 있지만, 그것을 주장하는 것이 우리의 특권이라는 점이다. 그 증
거는 모든 사람에게 동일하게 나타나지 않고 아주 다양하게 나타난다. 우
리는 그 일을 하나님께 과감히 맡기고 그의 완전한 은혜의 역사에 대한
증거를 구해야 한다. 그런 후에 우리는 우리가 받은 바를 알게 된다. 당신
이 구할 때 거듭 거듭 구하라. 약속은 성취될 것이다: "구하라 그러면 너희
에게 주실 것이요...구하는 이마다 받을 것이요"(눅 11:9, 10).

> 아들의 영을 우리에게 주옵소서,
> 그리하여 신성의 깊이를 알게 하옵소서,
> 신령한 생명에 참여케 하옵소서;
> 그를 보내사 흘린 피로 씻게 하옵소서,
> 그를 보내사 우리 영혼을 성결케 하옵소서,
> 당신의 것으로 우리를 인치소서.

(4) 초청은 위압적이어서는 안 되고 친절하고 부드러워야 한다. "우리
는 아주 부드럽게 미리에 말해야 한다. 왜냐하면 사람을 *이끄는 것*이 몰아
*치는 것*보다 훨씬 좋기 때문이다. 필요하기 때문이 아니라 매력적이고 바
람직한 것으로 추천하도록 연구하라."11) 바울과 에바브라처럼 우리는 신
자들의 완전을 위해 연민과 사랑을 가져야 한다.

(5) 신자는 완전 성결을 얻기 전까지 저주의 상태에 있지 않다. "내가
의미하는 완전은 완전한 사랑 혹은 마음을 다하여 하나님을 사랑함으로
늘 즐거워하며, 쉬지 않고 기도하며, 모든 일에 감사하는 것을 말한다. 나
는 모든 신자들이 이것을 얻을 수 있다는 확신을 가지고 있다. 그렇지만
나는 신자들이 그것을 얻을 때까지 하나님의 저주 아래 있다고 말하지 않

---

11 *Letters*, Ⅲ. 213(이후부터 이 장에 나오는 인용은 전부 웨슬리의 편지로부
  터 나온 것이다).

는다. 아니다, 그가 믿음을 가지고 있는 한 은혜 아래 있으며 하나님의 관심 속에 있다. 나는 '만일 당신이 그것 없이 죽는다 해서 멸망당한다'고 말하지 않는다. 당신이 거룩하지 않은 성품으로부터 구원받지 않으면 당신은 영광스러운 그릇이 못된다. 그러므로 하나님이 당신을 자기에게로 데려 가시기 전에 당신 영혼 속에 이루어져야 할 더 많은 약속들이 아직 남아 있다."12) 웨슬리는 언제나 중생한 사람들의 영혼의 상태에 대하여 높은 가치를 둔다.

(6) 완전 성결은 칭의 후에 곧바로 추구해야 할 것이다. 빠르면 빠를수록 그 경험은 더욱 더 풍요롭다. 이 점이 웨슬리가 자신의 견해를 바꾼 바로 그것이다. 초기에 그는 영혼이 죽기 바로 직전까지는 완전 성결을 얻지 못한다고 생각했다. 그러나 1758년에 어떤 사람이 그에게 편지하였다: "20년 전에 당신은 본성의 결함을 우리의 몸으로만 제거해서는 안 된다고 믿었다." 그에 대하여 웨슬리는 "그 때는 그렇게 믿었지만 지금은 다르다"13)고 대답했다. 1761년에 동생 찰스에게 보낸 편지에서 그는 "시간에 대해서 나는 일반적으로 그러한 순간은 죽음의 순간 즉 영혼이 몸을 떠나는 순간이라고 믿는다. 그러나 나는 또한 그것이 죽기 전 10년, 20년, 혹은 40년이 될 수도 있다고 믿는다. 우리가 이 점에 있어서 동의하는가 혹은 서로 다른가? 그것은 칭의 후 보통은 수년 후에 일어난다고 나는 믿지만, 5년 후에 혹은 다섯 달 후에도 가능하리라고 믿는다. 나는 나의 믿음과 다른 것에 대하여 결론적인 논증을 가지고 있지 않은데 너는 어떠한가? 만일 칭의 후 몇 년이어야 한다면 도대체 몇 년쯤일까에 대해서 알기 원한다."14) 그리고는 그는 호레이스(Horace)를 인용하고 있다. 3년 후

---

12 IV. 10.
13 IV. 11.
14 IV. 187.

그는 이렇게 기록하였다: "하나님은 우리가 의롭다함을 받은 후 수백 년이 지나가기라도 한 듯 하루 만에도 우리를 성결케 하실 수 있다....성결의 은혜에 대하여 의문의 여지가 없는 증인들은 칭의 후 수일 내에 성결을 경험하였다."15)

젊은 때가 늙은 때보다 성결의 은혜를 경험하기 더 쉽다. 그러나 하나님의 긍휼은 늙은 사람에게도 미친다. 웨슬리는 자신들이 사람들로 하여금 칭의 때에 더 깊은 은혜의 역사를 추구하도록 권면하지 못했음을 마음 아파하였다. 그는 다음과 같이 말하였다: "나는 최근에 한 면에 대하여 충분한 시간을 드려 생각해 왔다. 아마도 그것은 우리 모두가 결여하고 있는 것일지 모른다. 우리는 사람들이 의롭게 되자마자 그들에게 완전을 향해 가야 한다는 점을 상기시켜야 하는 규칙을 만들지 못했다."16) 회심한 후 즉시 우리는 완전을 추구해야 하며, 우리가 하나님의 성결케 하는 은혜를 더 빨리 주장하면 할수록 그 경험이 더 풍요롭다는 교훈을 우리 자신은 물론 다른 사람을 위하여 배우자.

(7) 우리는 기쁨으로 완전 성결을 받아들일 수 있다. 우리는 이전에 웨슬리가 우리에게 훈련과 부지런함으로 이 은혜의 역사를 기다려야 한다고 권면한 사실에 주목하였다. "경각심을 가지고 우리 자신을 부인하며 자기 십자가를 매일 지고 가는 아픔"을 가질 것을 그는 주문하였다. 그래서 그는 "『그리스도인의 완전에 관한 명백한 설명』이라는 책을 한 번 이상씩 읽어야 하며 완전한 구속을 위해 애통해 하는 모든 사람들에게 그것을 추천해야 한다"17)고 말하였다. 그는 애통의 상태에서 그 은혜로운 선물에 대한 기다림을 말하고 있다. 어떤 사람들은 그러한 상태에서 결국 기쁨의 파도

---

15 Ⅳ. 268.
16 Ⅵ. 103.
17 Ⅴ. 290.

를 탈 수도 있을 것이다. 그것을 위해 없어서는 안 될 것은 믿음이다. 그는 "그러므로 고통이나 그 외의 어떤 것도 기다리지 말고 단지 모든 것을 극복하는 믿음만이 필요하다"[18]고 말한다. 그는 다시 "그러므로 당신이 다다른 곳에 굳게 서서 기쁨과 평안을 가지고 완전한 사랑을 기다리라. 이것이 어떤 사람의 자랑거리가 되지 않는 일임을 우리는 안다. 또한 그것은 행위에 의한 것이 아닌 만큼 고통에 의한 것도 아니다"[19]고 말한다. 그리고 다시 "당신은 고통 그리고 더 많은 고통이 완전한 치유 전에 반드시 선행되어야 한다고 생각하는 것 같은데 그렇지 않다"[20]고 말한다. 하늘에 계신 우리 아버지의 모습은 참으로 보기에 즐겁다. 그는 참으로 은혜로우며 사랑이 많기에 우리는 단지 기쁨과 평안을 가지고 그의 사랑을 우리 안에서 온전하게 이루도록 그를 기다릴 수 있다.

(8) 완전 성결 안에서 우리가 성장할 때에 그것은 간직된다. 그것은 정적인 상태가 아니다. "그들이 더 높은 거룩의 상태를 열망하여 계속 주의하며 기도하지 않으면 나는 어떻게 그들이 앞으로 전진할지는 물론 어떻게 그들이 이미 받은 그 복을 계속 간직할 수 있을지 상상이 가지 않는다."[21] "그들 중 어떤 사람들은 경계하며 기도함으로 믿음으로 믿음에 이르지만, 어떤 사람들은 경계심을 덜 갖고 그냥 정체되어 있으며, 결국 의식하지 못한 채 뒤로 물러나고 있다."[22] "너희가 달음질을 잘 하더니 누가 너희를 막아 진리를 순종치 않게 하더냐"라는 질책이 우리에게는 해당되지 않기를 바란다(갈 5:7).

(9) "여러 종류의 유혹에서 완전히 벗어났음을 암시하는 그러한 완전은

18 V. 210.
19 IV. 71.
20 IV. 313.
21 VIII. 184.
22 VII. 103.

이 세상에는 없다."[23] 예수님도 유혹을 받으셨지만 죄는 없으시다.

(10) 항상 그리스도께 의지할 필요가 있다. "나는 지금처럼 깊고 강하게 그리스도를 필요로 하고 있음을 느낄 때가 결코 없었다. 나는 그리스도를 나의 제사장이요 나의 왕으로 모시기를 갈급해 하며, 내가 가진 모든 것을 그 안에서 그리고 그를 통해서 받는다. 매 순간 나는 그의 죽으심의 공로를 필요로 하고 있으며, 사실 그 공로를 매 순간마다 의지하고 있다."[24] "우리의 완전은 자체의 뿌리에서 진액을 빨아들임으로 자라는 나무와 같지 않고, 포도나무에 붙어 있는 가지가 붙어 있으면 열매를 맺지만 나무에서 떨어지면 말라비틀어지는 것과 같다."[25] 그래서 예수님은 "나를 떠나서는 너희가 아무 것도 할 수 없음이라"고 하셨다(요 15:5).

(11) 악한 변론을 조심하라. "우리가 관계된 모든 여건들을 분별할 수 있을 때까지, 그리고 이러한 일들이 어떻게 있을 수 있는지를 알게 되기까지, 이성적으로만 생각하고 하나님이 이루시는 바를 믿지 않으면, 우리는 더욱 더 어리둥절하게 되며 결국 '미궁에 빠져 목직지를 발견하지 못할 것이다.'"[26] 위의 마지막 부분의 웨슬리의 인용문은 밀톤의 『실낙원』(Paradise Lost)에서 인용한 것이다. 웨슬리는 여기에서 인간의 이성을 경시하고 있지 않다. 그는 인간의 지성을 칭송하는 사람이다. 『그리스도인의 완전에 관한 명백한 설명』에서 그는 "나는 당신이 지혜, 이성 혹은 지식에 대하여 경멸조로 말하지 않기를 권고한다. 그 반대로 당신에게 그러한 것들이 더욱 충만해지도록 기도하라"고 말한다. 하나님의 손 안에서 도구가 될 수 있는 인간의 이성은 또한 마귀에 의해서도 그릇 사용될 수 있다.

---

23 II. 280.
24 IV. 186.
25 V. 204.
26 VI. 88.

신자는 믿고 받아들여야 하는 부분에서도 항상 변론하려는 유혹에 넘어가지 않도록 자신을 지킬 필요가 있다.

(12) 완전을 너무 높이 두지 말아야 한다: "완전의 상태를 세상 밖으로 몰아내는 아주 확실한 방법은 그것을 지나치게 고양시키는 것이다."[27] "이전에 완전을 사랑하고 귀하게 여기는 사람들도 완전이라는 이름을 혐오의 대상으로 만들었다."[28] "나는 당신이 모든 것을 사랑하는 사람이 되기를 바란다. 바로 그 사랑이 내가 믿고 *가르치*는 완전이다. 그리고 이 완전은 다소 겁을 주는 듯한 소위 수많은 무질서 속에서도 일관성 있게 나타난다. 반면 높은 곳에 있는 긴장된 완전은 그렇지 못하다."[29] "나는 참으로 성결케 된 사람들은 고린도전서 13장에서 명시된 다양한 사랑의 법칙을 무의식적으로 지키지 못할 수도 있으며, 그 이유 때문에 그들은 지속적으로 아버지를 향한 변호자가 필요하게 된다고 믿는다."[30] 소위 높은 차원의 종교적 경험을 한 것으로 여겨지는 경험 후에 긴장 때문에 정신적 균형을 잃은 사람들이 있다는 비판이 일게 되었다. 웨슬리는 자신의 가르침이 그러한 정죄를 받게됨을 허용하지 않았다.

(13) 무죄의 완전을 말하는 것은 지혜롭지 못하다. "절대적이며 무오의 완전? 나는 그것을 결코 주장한 바가 없다. *무죄의 완전?* 그것이 비성경적임을 알기에 이것도 나는 주장한 바가 없다. 전체의 율법을 완전히 지키는, 그래서, 그리스도의 공로를 필요치 않는 완전? 나는 그러한 사실을 알지 못하며 나는 지금은 물론 항상 그러한 주장에 반대했다. 그러나 완전하다는 사람에게는 죄가 없는가? 나는 그렇게 믿지 않는다. 아마도 그들은

---

27 V. 317.
28 V. 38.
29 IV. 188.
30 VIII. 272.

아무 것도 없는 것처럼 느끼며, 순수한 사랑 외에 어떤 다른 기질도 없는 것처럼 느끼며, 항상 기뻐하며, 기도하며, 감사하기 때문에 죄가 없는 것처럼 보여질지 모른다. 죄가 잠시 *유보되었는지* 혹은 *제거되었는지*에 대해서는 논쟁하지 않는다."[31] 여기에서 그의 두 가지의 간략한 말을 추가해 보자: "사도 바울이 사용하기 때문에 나도 '파괴되다'(destroyed)라는 단어를 사용한다; 나는 '유보되다'(suspended)라는 단어는 성경에서 찾을 수 없다."[32] "완전 성결 혹은 그리스도인의 완전은 완전한 사랑이지, 그 이상도 그 이하도 아니다. 사랑은 죄를 추방하며 하나님의 자녀의 삶과 마음을 지배한다."[33] 이 말은 깨끗해진 마음의 상태를 정의함에 있어서 지나치게 정교하게 하려는 욕망에 대하여 우리에게 경고하는 말이다. 웨슬리는 무죄의 완전을 주장하지는 않지만 여기에서 그는 '죄가 파괴되고 추방되었다'고 말한다. 그는 마음에 죄가 남아 있다고 생각하지 않는다. 만일 이것이 죄가 생기는 것이라면, 소위 무죄의 완전에 대하여 말하는 것이 자연스러울 것이다.

그렇지만 전체적으로 웨슬리는 참다운 영적 직관에 의하여 인도되고 있는 듯하다. 우리가 죄의 행위를 범하지 않으며, 육신적 죄의 본성이 믿음에 의해 제거되었다는 사실을 그도 증거하며, 우리도 증거해야 한다. 그러나 우리는 여전히 하나님의 영광에 이르지 못하기 때문에, 논리적으로는 죄 없는 완전을 말할 수 있을지는 몰라도 적어도 겸손 때문에 그렇게 말하지 않는다. 웨슬리는 첫 번째 편지에서 '유보되다'라는 말에 대하여 논쟁하지 않는다고 말한 반면 다른 두 편지에서는 죄가 '파괴되다' 그리고 '추방되다'는 말을 사용하고 있다. 이 경우에는 '유보되다'는 말은 나타나지 않는

---

31 Ⅳ. 213.
32 Ⅴ. 204.
33 Ⅴ. 223.

다. 그의 모든 글에서 '유보되다'는 말은 죄에게 어떤 일이 일어났는가에 대하여 그가 믿고 있는 바를 설명함에 있어서 적절한 표현이 아니었다. 이 점에 대하여 더 이상의 논의는 불필요하다. 인간의 영혼은 신비롭다. 그러기에, 우리는 죄로부터 완전하게 벗어나서 분리되었다는 사실을 견지하면서도, 완전한 사랑의 상태를 설명함에 있어서 지나치게 교리적이거나 아니면 너무 경직된 정의를 내리는 것은 현명하지 못하다.

(14) 신자는 완전한 사랑의 삶에서 이탈할 필요는 없지만 그렇게 될 수는 있다. 처음에는 웨슬리도 그렇게 될 수 없다고 생각하였다. 그의 동생 찰스에게 1767년에 보낸 편지에서 다음과 같이 말하였다: "그것을 얻은 사람이 이탈할 수 있는가? 이전에는 그럴 수 없다고 생각하였다. 그러나 너는 나의 과오를 깨우쳐 주었다."34) 또한 "너는 의심할 바 없이 하나님께서 주신 것을 잃을 수도 *있지만* 반드시 그럴 *필요*는 없다. 그의 은혜가 네게 충분하지 않은가? 그의 능력이 연약함 중에 온전하여지지 않는가."35) 다시, "우리는 말할 수 없는 복을 던져버렸지만 지금은 과거보다 그 복을 훨씬 더 많이 누리는 사람들의 경우가 수없이 많음을 알고 있다."36) 여러 가지를 고려해 볼 때 우리는 사람이 그렇게 떨어져 나갈 수 있다는 견해에 기울어지게 된다. 예를 들면, 예수님의 말씀이 그렇다: "아무도 내 손에서 빼앗을 자가 없느니라"(요 10:29). 그렇지만 모든 증거들은 사람이 이탈할 수 있다는 사실을 지적하고 있는 듯하다. 그러므로 사도 바울은 우리에게 경고하고 있다: "그런즉 선 줄로 생각하는 자는 넘어질까 조심하라"(고전 10:12).

(15) 완전 성결에 대하여 설교하면 반대에 부딪친다. "당신이 부지런히

---

34 V. 41.
35 V. 232.
36 V. 138.

신자들로 하여금 완전을 지향하라고 하면 어떤 사람들은 불쾌하게 생각할 것이다."[37] 다시, "나는 믿음으로 지금 받을 수 있는 완전한 구원을 전파하는 일에 그가 수치를 당하지 않기를 바란다. 이것은 하나님이 항상 복 주시는 그러나 마귀가 특별히 증오하는 말이다. 그러므로 마귀는 끊임없이 자신의 자녀들은 물론 하나님의 약한 자녀들을 선동하여 그것을 반대하게 한다."[38]

(16) 사려 깊은 증거가 뒤따라야 한다. "모든 사람은 자신의 영혼을 위하여 하나님께서 행하신 일을 아주 명료하게 선포해야 한다. 특히 조심해야 할 부분은 우리의 경험에 따르면, 그것을 선포할 수 있는 구별된 소수의 사람에게 증거하라는 것이다. 우리의 경험에 따르면, 정직하며 마음이 단순한 사람에게만 전해야 된다."[39] 주의를 환기시키는 이러한 말은 웨슬리가 그 복을 받았고 그리고 그것을 그토록 분명하게 그리고 지속적으로 설명하고 있는 반면, 자기 자신은 그것을 공개적으로 증거하는 데에 그토록 마음 내키지 않았던 이유를 짐작하게 한다. 이러한 증거의 사역을 빼놓기가 얼마나 쉬운가! "나의 마음 속에 하나님의 의를 감추고 그것을 나누어 주기를 거부하는 것"은 참으로 쉽다.

(17) 완전 성결을 전할 때 부흥은 온다. "그리스도인의 완전이 분명히 그리고 강하게 전파되지 않는 곳에서는 놀랄만한 어떤 복도 하나님으로부터 거의 오지 않는다. 그리고 그 결과로 사회와 그 구성원들에게 더 추가될 생명력도 별로 없다....당신이 신자들로 하여금 지금 완전한 구원을 기대하도록 촉구하기 전에 당신은 어떤 유의 부흥도 기대하지 말라."[40] "설

---

37 Ⅶ. 352.
38 Ⅴ. 291.
39 Ⅴ. 6.
40 Ⅳ. 321.

교자들이 신자들로 하여금 완전 성결을 받아들이도록 강하게 권면할 때 그리고 그것을 단순한 믿음으로 받아들일 때, 언제나 하나님의 일은 일반적으로 흥왕하게 될 것이다. 이것이 감리교인들에게 나타나는 아주 적절한 증거이다.”41)

(18) “이 교리는 하나님이 감리교인들이라고 부르는 사람들에게 맡겨 준 위대한 위탁물이며 바로 이것을 주로 전파하기 위해서 우리를 일으켜 세운 것 같다.”42) 우리는 종종 또는 어쩔 수 없이 논쟁의 와류에 빠져들어가지만 우리의 주목적은 이 땅에서 더 고귀한 삶을 갈구하며 추구하는 자들에게 그 복이 주어진다는 사실을 전하는 것이다.

---

41 Ⅶ. 216.
42 Ⅷ. 238.

9

완전한 사랑의 열매

완전한 사랑 혹은 완전 성결의 열매는 성경에서 다양하게 제시되어 있다. 첫 번째로, 그리스도인의 성품을 배양한다. 에스겔의 위대한 예언 중에 새 마음과 새 영의 선물로 인한 결과 중 하나는 하나님이 "너희로 내 율례를 행하게 하리니 너희가 내 규례를 지켜 행하게 한다"는 것이다(겔 36:27). 사도 바울도 '완전한 자'에 대하여 "그러므로 누구든지 우리 온전히 이룬 자들은 이렇게 생각할지니"라고 말한다. 신자들이 '이렇게 생각할지니' 는 어떤 의미인가? 사도 바울은 "오직 한 일 즉 뒤에 있는 것은 잊어버리고 앞에 있는 것을 잡으려고 푯대를 향하여 그리스도 예수 안에서 하나님이 위에서 부르신 부름의 상을 위하여 좇아가노라"고 말한다(빌 3:13-14). 우리는 '이렇게 생각하는' 그리스도인들은 항상 앞으로 향하라는 부름을 받고 있다. 고린도전서 13장에 나오는 사도 바울의 사랑의 송가는 신약에 나오는 그리스도인의 성품에 대한 이상적인 그림 중의 하나다.

웨슬리는 "진정 성결함을 받은 사람도 고린도전서 13장에 표시된 다양한 규범들을 무의식적으로 범할 수 있다고 믿는다"[1]고 말했다. 사도 바울의 설명과 알렉산드리아의 클레멘트가 쓴 『스트로마타이스의 일곱 번째 책』(Seventh Book of Stromateis)을 인용하면서 웨슬리는 『감리교인의 특성』(Character of a Methodist)이라는 글을 썼다. 그 곳에서 그는 감리교인들이 흠모해야할 이상적인 성격이 무엇인지 설명하고 있다. 그가

---

1 *Letters*, VIII. 272.

『로이드 이브닝 포스트』(Llyod′s Evening Post)의 편집자에게 쓴 편지에서 그 책을 인용하면서 "나는 당신에게 분명하게 말한다. 나는 내가 묘사하고 있는 성품을 얻지 못했다"[2]고 말했다. 그 말만을 보면 웨슬리는 완전한 사랑을 경험했다는 사실을 부인하고 있는 것처럼 보인다. 그러나 실상은 그렇지 않다. 그는 단지 자신이 그리스도인의 삶의 이상이라고 생각하고 있는 것에 미치지 못하고 있다는 점을 말할 뿐이다. 웨슬리가 그 복을 받았다고 주장하는 경우를 발견하기가 어렵지만, 그 반면 그는 그것을 결코 부인하지 않았다. 우리의 마음을 정결케 해달라고 하나님께 의탁하면 그만큼 더 빨리, 쉽게 그리고 완전히 그리스도인의 성품을 얻는 은혜를 받는다.

그리스도인의 성품은 이 세상에서 가장 아름다운 것이다. 철학자들은 삶에 있어서 세 가지 궁극적인 것은 진리, 아름다움, 선이라고 말한다. 성경은 하나님의 본성이 아름다움이라고 말한다: "주 우리 하나님의 은총 [beauty]을 우리에게 임하게 하소서"(시 90:17); "나로 생전에 여호와의 집에 거하여 여호와의 아름다움을 앙망하며 그 전에서 사모하게 하실 것이라"(시 27:4). 하나님의 본성 안에는 추하고 단정치 못한 것이 아무 것도 없다는 사실을 묵상하는 것은 도움이 된다. 하나님은 아름다움의 완성이다. 예수님이 "나는 선한 목자"라고 말할 때 '선'이라는 어휘는 '아름답다'이다. 우리가 '예수님의 아름다움이 내 안에 보이게 하소서'라고 노래하는 것은 옳다. 창조물은 아름답다: "하늘이 하나님의 영광을 선포하고 궁창이 그 손으로 하신 일을 나타내는도다"(시 19:1). 세상은 하나님의 아름다움을 반사하는 아름다움으로 가득 차 있다. 세상에서 가장 아름다운 것은 그리스도인의 성품이다. 그것은 '갈라진 벽에 핀 한 송이 꽃'보다, 어떤 풍

---

2 *Journal*, V. 197.

경보다, 어떤 석양보다 더 아름답다. 그리스도인의 성품은 피조물 중 어떤 것보다도 하나님의 생명을 더 많이 포함하고 있기 때문에 세상에서 가장 아름다운 것이다.

하나님 자신이 그리스도 안에서 그리고 그 안에 있는 모든 사람들 속에서 성육신하셨다. 그리스도인의 성품은 "하나님의 모든 것으로 충만해" 질 수 있다(엡 3:19). 그리고 우리는 "그의 충만한 데서 받는다"(요 1:16). 거룩은 아름답다. 그래서 "여호와의 이름에 합당한 영광을 돌리며 거룩한 옷을 입고 여호와께 경배할지어다([kjv:…worship the Lord in the beauty of holiness)"라고 시편은 우리에게 권면한다(시 29:2). 하나님의 아름다움을 묵상하는 것이 유익한 것처럼 사람 속에 있는 거룩의 아름다움인 그리스도인의 성품의 아름다움을 묵상하는 것 또한 아름답다. 의, 사랑 그리고 진리는 그리스도인의 성품에 있어서 세 개의 근본적인 자질이다. 그 외에도 신비롭고 생동적인 자질이 있다. 그리고 공손함도 있다. 그리스도인의 삶의 완선은 올바른 태도와 신사스러움이 베어 있는 깃으로도 표출된다. 고린도전서 13장의 "무례히 행치 아니하며"를 모펫은 "결코 무례치 아니하며"로 번역하고 있다. 20세기가 시작하기 전보다 지금은 사람들이 더욱 무례하며, 예의가 결여되어 있는데, 그것은 현재의 그리스도인의 성품의 빈곤에 기인하는 부분도 있다.

거기에는 감사의 정신도 있다. 이것은 다른 것과 구별짓는 그리스도인의 성품의 근원이다. 이사야는 동물들이 어떤 사람들보다 더 감사할 줄 안다고 말한다: "소는 그 임자를 알고 나귀는 주인의 구유를 알건마는 이스라엘은 알지 못하고 나의 백성은 깨닫지 못하는도다"(사 1:3). 셰익스피어는 인간의 감사치 않음이 강한 바람보다 더 움츠러들게 한다고 말하였다. 감사야말로 그리스도인의 성숙한 삶 속에 나타나는 영적 자질 중의 하나이다. 거기에는 신뢰의 정신이 있다. 오늘의 세상은 불신으로 말미암아 괴로움을 당하며 분리되어 있지만, 그리스도인의 마음 속에 있는 구원하는 믿음은 구체적인 삶 속에서 신뢰와, 우정과, 신념으로 표현된다. 또 거기에는 겸손의 정신이 있다. 그리스도인의 겸손은 그것이 그리스도의 십자가의 겸비에 기인한 것임으로 다른 무엇보다도 더 심오하고 감미롭다. 누군가가 어거스틴에게 그리스도인의 첫째 가는 세 가지 덕목이 무엇이냐고 물었을 때 그는 첫째도 겸손이요, 둘째도 겸손이요, 셋째도 겸손이라고 대답하였다.

그리스도인의 성품의 성숙에서 사람의 어떤 부분보다도 더 영향을 미치는 것은 혀다. 오순절에 사람들의 혀에 깊은 영향이 끼쳐졌다: "불의 혀 같이 갈라지는 것이 저희에게 보였다"고 성경은 말한다(행 2:3). 야고보는 혀에 대하여 많은 것을 말하였다: "만일 말에 실수가 없는 자면 곧 온전한 사람이라"(약 3:2). 하나님에 대한 부정, 더러움과 잔인함의 통로였던 혀가 하나님의 말을 하는 깨끗한 도구가 된다. 어떤 사람들은 다른 사람에 대하여 불친절하고 무자비한 비판을 늘 일삼는데 그들에게 절대적으로 필요한 것은 혀의 성결함이다. 그것은 한 순간에 이루어지지 않고 훈련과 결단을 통해서 온전케 된다. 윌리엄 아더(William Arthur)는 그의 책 『불의 혀』(The Tongue of Fire)에서 "만일 무자비하거나 무익한 말이 인습화되어 있다면, 그리고 어리석은 말이나 희롱의 말이 자신을 나타내는 수단인 사람의 혀는 성령의 거룩한 불이 즐겁게 사용하는 수단이 되지 못한다"고 말하였다. 알렉산더 화이트(Alexander Whyte)는 자기의 식당 벽에 다음과 같은 모토를 걸어 놓았다:

> *없는 사람을 비방하는 사람은,*
> *나의 식탁에 다시는 앉지 못하리.*

그는 다음과 같이 쓴 카드를 회중에게 나누어 주었다: "그것이 사실인가? 그것을 반복하는 것이 친절한가? 그것을 반복하는 것이 필요한가?"
웨슬리는 우리에게 "존중하는 마음으로 명예롭게, 친절하게 서로에 대하
여 말하며, 다른 사람의 성품을 방어하라, 그리고 서로에 대하여 우리가
할 수 있는 대로 선한 말을 할 뿐만 아니라 우리가 영향을 줄 수 있는 곳에
서 다른 사람에게도 그렇게 말하라고 권하라"3)고 권면한다. 우리는 "만
입이 내게 있으면 그 입 다 가지고 내 구주 주신 은총을 늘 찬송하겠네"라
고 찬송한다. 그러한 것이 우리가 가지고 있는 혀를 옳게 사용하는 방법이
다. 우리 모두 "음행과 온갖 더러운 것과 탐욕은 너희 중에서 그 이름이라
도 부르지 말라. 이는 성도의 마땅한 바니라, 누추함과 어리석은 말이나
희롱의 말이 마땅치 아니하니 돌이켜 감사하는 말을 하라"는 명령에 순복
하자(엡 5:3-4).

그리스도인의 성품 중 또 하나의 본질적인 부분은 우리의 힘이 있는 한
몸으로 노동하는 것이다. 성경에서 최초의 성령에 대한 언급은 일과 관련
뒤 성령의 사역과 여결되어 있다. 브사렐에 관하여 하나님은 "내가 하나님
의 신을 그에게 충만하게 하여 지혜와 총명과 지식과 여러 가지 재주로
공교한 일을 연구하여 금과 은과 놋으로 만들게 하였다"(출 31:3). 톨스토
이는 사람이 동료들에게 말할 수 있는 자질을 갖추기 위하여 다섯 가지를
언급하였다. 그 중 하나는 그가 자기 손으로 일해야만 한다는 것이다. 사
도 바울도 자기 손으로 일하였고, 예수님도 그렇게 하셨다. 라틴 말 'colo'
는 경배하고 일하는 양자를 다 포함하는 말이다: 이 둘은 합하여 하나를
이룬다. 6세기에 유명한 몽테 카씨노(Monte Cassino) 수도원의 모토는
"경배하고 일하라"는 것이다. 만일 사람이 지루하고 거친 노동을 피하려고
한다면 그리스도인의 이상에 못 미치는 사람이다.

---

3 *Letters*, Ⅳ. 238.

그리스도인의 삶 전체는 희생의 정신으로 가득 차 있다. 프리덴쇼트의 에바 수녀(Sister Eva of Friedenshort)의 생애에 대한 서문에서 "그녀의 질그릇은 깨어지고 또 깨어졌다. 그렇게 함으로만 빛 되신 그의 향기가 그녀를 통하여 흘러 나가기 때문이다." 마지막 만찬에서 예수님이 "떡을 가지사 축복하시고 떼어 제자들에게 주셨다"고 기록되어 있다(마 26:26). 그것이 예수께서 우리를 통하여 행하실 일이다. 주께서 우리를 취하사 축복하신 후 떼어 나누어 주실 것이다. 성결케 된 삶은 전체를 기쁨으로 하나님께 포기하는 삶이다. 순간적으로 마음은 깨끗하게 되고 그 후에도 그리스도인의 성품은 계속 성장을 멈추지 않는다. 우리는 계속하여 은혜에서 은혜로, 영광에서 영광으로 진보를 거듭하면서 세상에서 가장 아름다운 그리스도인의 성품이 완성되어 나아갈 것이다.

완전한 사랑의 또 다른 열매는 지혜와 하나님 지식의 성숙이다. 사도 바울은 "우리가 온전한 자들 중에서 지혜를 말하노니 이는 이 세상의 지혜가 아니요"라고 말한다(고전 2:6). 이 점을 강조하기 위하여 한 번은 사도 바울이 복음을 '하나님의 어리석은 것'이라고 불렀지만, 그는 그것을 하나님의 지혜라고 부르기를 즐겼다. 그는 신자들이 영적 지혜에 있어서 어린 아이 상태로 머물러 있지 말고 "지식에 넘치는 그리스도의 사랑을" 알도록 앞으로 전진하는 일에 큰 관심을 가졌다(엡 3:18). 히브리서 기자는 "율법은 아무 것도 온전케 못할지니라. 이에 더 좋은 소망이 생기니 이것으로 우리가 하나님께 가까이 가느니라"고 말한다(히 7:19). 영감으로 기록된 이 서신의 저자는 그리스도 안에서 우리의 것이 된 정결함과 온전함이 결국은 우리를 하나님께 대한 더 충만한 지식으로 또한 하나님과의 더 밀접한 교제 가운데로 인도한다는 점을 강조하는 데에 관심을 가지고 있다. 이 말씀은 물론 다른 저자들의 유사한 언급은 모두 예수님의 "마음이 청결한 자는 복이 있나니 저희가 하나님을 볼 것임이요"라는 말씀에 근거한 것이다(마 5:8). 하나님께 대한 지식은 머리로만 아는 것이 아니라 마음의 청결함을 통하여 훨씬 더 많이 알게 된다.

"우리가 이제는 거울로 보는 것 같이" 희미하게 안다(고전 13:12). 그러나 우리는 안다. 우리는 그의 구속의 은총을 경험함으로 하나님을 안다. 우리는 하나님의 은혜에 의하여 마음의 타오르는 수없이 많은 불길 속에서 하나님을 안다. 천국에서는 우리가 온전히 그리고 얼굴과 얼굴을 대하여 보게 된다. 하나님의 지식은 일차적으로는 지식적 과정에 의하지 않고 영적 교통에 의한다. "하나님은 사랑이시라. 사랑 안에 거하는 자는 하나님 안에 거하고 하나님도 그 안에 거하시느니라. 이로써 사랑이 온전히 이루었느니라"(요일 4:16-17). 우리가 그의 은혜로 완전한 사랑의 삶을 계속 영위할 때 우리가 하나님을 더 확실하게, 더 풍성하게, 그리고 더 성공적으로 알게 된다는 사실은 참으로 용기를 주는 말이다.

완전한 사랑의 또 다른 열매는 물질적 풍요와도 관계가 있다. 에스겔은 청결한 마음에 있는 복에 대하여 다음과 같이 쓰고 있다: "내가 너희를 모든 더러운 데서 구원하고 곡식으로 풍성하게 하여 기근이 너희에게 임하지 아니하게 할 것이며, 또 나무의 실과와 밭의 소산을 풍성케 하여 너희로 다시는 기근의 욕을 열국에게 받지 않게 하리니"(겔 36:19-20). 사도 바울은 여러 번 다음의 메시지를 선포하였다: "하나님이 능히 모든 은혜를 너희에게 넘치게 하시나니, 이는 너희로 모든 일에 항상 모든 것이 넉넉하여 모든 착한 일을 넘치게 하게 하려 하심이라"(고후 9:8). 구약의 성도들은 하나님의 섭리에 대하여 같은 믿음을 가지고 있었다: "저는 시냇가에 심은 나무가 시절을 좇아 과실을 맺으며 그 잎사귀가 마르지 아니함 같으니 그 행사가 다 형통하리로다"(1:3). 이 모든 예언들과 약속들에 대하여 예수님은 다음과 같이 확인하셨다: "오늘 있다가 내일 아궁이에 던지우는 들풀도 하나님이 이렇게 입히시거든 하물며 너희일까보냐. 믿음이 적은 자들아. 너희는 무엇을 먹을까 무엇을 마실까 하여 구하지 말며 근심하지도 말라. 이 모든 것은 세상 백성들이 구하는 것이라. 너희 아버지께서 이런 것이 너희에게 있어야 될 줄을 아시느니라. 오직 너희는 그의 나라를 구하라. 그리하면 이런 것을 너희에게 더하시리라"(눅 12:28-31).

「중국내지선교부」의 창립자 허드슨 테일러(Hudson Taylor)는 하나님에 대한 이러한 진리에 대하여 큰 믿음을 가진 사람이었다. 그리고 그의 생애와 사역은 이와 같은 사실을 잘 설명해 주고 있다. 그는 다음과 같이 기록하고 있다: "참된 번영은 하나님께로부터 오며 그 결과는 사람들을 하나님께로 이끈다. 신자들이 하는 모든 일이, 그것이 일시적인 것이든, 영적인 것이든, 세상의 삶과 관련된 것이든, 그리스도의 일과 관련된 것이든, 그같이 번성하게 되는 것은 하나님의 목적이다. 하나님의 모든 자녀들이 무엇을 하든 번영하는 것은 하나님의 뜻이다."

사업 세계에 있어서 위대한 사람 중 하나인 조지 켓베리(George Cadbury)의 간증은 위의 진리를 확증해 준다. 그의 나이 70세에 그는 "이제 나는 생의 여정의 끝에 와 있다. 나는 그 동안 수많은 남녀들의 삶을 지켜보았다. 그래서 나는 '하나님을 경외하며 그 앞에서 떠는 사람들은 형통하다'는 말이 진실되다고 말할 수 있다. 우리 모두는 '견고하며, 흔들리지 말며 항상 주의 일에 더욱 힘쓰는 자들이 되라'는 권면의 말을 따라야 한다"4)고 말했다. "비를 지면에 내리는 날까지 그 통의 가루는 다하지 아니한다"고 사람과 맺은 하나님의 계약은 확실하며 보배로운 약속이다(왕상 17:14). 그러나 그러한 약속들은 그리스도인의 다른 요소와 전혀 고립하여 생각할 수 없다. 그리스도인의 삶에는 고난의 자리가 있다. 우리는 사도 베드로의 "사랑하는 자들아 너희를 시련하려고 오는 불 시험을 이상

---

4 『조지 켓베리의 생애』(Life of George Cadbury), p. 231.

한 일 당하는 것 같이 이상히 여기지 말라"는 경고를 들을 필요가 있다(벧전 4:12). 다시, "그러므로 너희가 이제 여러 가지 시험을 인하여 잠깐 근심하게 되지 않을 수 없었으나 오히려 크게 기뻐하도다. 너희 믿음의 시련이 불로 연단하여도 없어질 금보다 더 귀하여 예수 그리스도의 나타나실 때에 칭찬과 영광과 존귀를 얻게 하려 함이라"(벧전 1:6-7). 사도 바울 자신도 "환난 중에도 기뻐한" 것처럼 우리에게도 그렇게 하라고 권면하고 있다(롬 5:3). 우리는 성도들의 증거를 들어야만 한다. 예를 들면, 해버걸은 "당신은 자신들의 계획과 기다림 마저도 완전하게 좌절된 경험을 하지 않은 사람들이 하나님께 크게 쓰이는 것을 들어본 적이 있는가? 주님의 일을 하기에 점진적으로 알맞게 되기 위하여 나는 모든 종류의 시련과 훈련이 있을 것이라고 기대한다"고 말한다. 웨슬리도 그의 『그리스도인의 완전에 관한 명백한 설명』에서 그와 비슷한 말을 하였다: "은혜 안에서 성장을 위해 가장 좋은 도움은 과거의 과오와 우리가 경험한 상실감이다." 다시, "하나님을 사랑하는 사람들에 대한 하나님의 사랑의 위대한 증거 중 하나는 견딜 수 있는 시련이다." 하나님은 고난을 허락하시고 그리스도인의 삶 속에서 그것을 성별시킨다.

고난은 거룩한 삶에 있어서 확실한 것도 필요한 것도 아니나, 그것은 인간의 삶 속에 깊이 뿌리 박혀 있는 것이며 하나님의 손 안에서 성품을 풍요롭게 하기 위한 도구가 된다. 나는 우리가 반드시 고난을 추구하거나 기다려야 한다고 생각하지는 않는다. 그러나 우리는 고난이 올 때 그것을 피하거나 불평하지 말고 기쁨으로 받아들일 준비가 되어 있어야 한다. 가톨릭에서 주장하는 경건성의 주된 표지는 그리스도와 함께 기꺼이 고난을 받는 것이며 개신교에서 주장하는 경건성의 주된 표지는 당신이 할 수 있으면 그것을 받아들이는 것인데, 그들은 서로 다른 것이 아니다. 여기에서의 문제는 하나님의 백성이든 십자가를 지신 주님을 따르는 사람이든 하나님이 그들에게 약속한 물질적 번성이 있다는 사실이다. 우리는 사도 바울처럼 기꺼이 말할 준비가 되어 있어야 한다: "내가 이제 너희를 위하여 받는 괴로움을 기뻐하고 그리스도의 남은 고난을 그의 몸된 교회를 위하여 내 육체에 채우노라"(골 1:24).

거룩은 건강을 증진시키지만 그것 자체는 치유가 포함되어 있지 않다. 웨슬리는 이렇게 말한다, "이 완전은 신경 기능 장애에도 불구하고 경험할 수 있다. 완전은 많은 종류의 신경 장애를 치유하지만, 치유의 은사는 완전한 사랑에 본래적으로 포함되어 있는 것이 아니라고 확실하게 말할 수 있다. 치유의 은사는 성령의 특별한 은사이다. 그 은사는 아직도 주어진다고 믿지만 필연적으로 거룩을 뒤따르는 것은 아니다. 거룩한 삶은 필연적으로 건강을 증진시킨다. 치유의 은사는 있다. 프리덴쇼트 수녀의 말을 들어보자: "오, 예수님! 마침내 거침돌이 극복되었습니다. 제가 불타는 마음과 기적의 은사들을 위하여 당신께 눈물로 구했을 때 당신은 나의 기도를 들을 수 없었습니다. 만약 그랬다면 그것은 저를 파멸시키며 자기 영광으로 이끄는 결과를 가져왔을 것입니다. 저는 그 은사로 제 자신에게 영광을 돌렸을 것입니다. 그러나 그 대신 당신은 모든 것을 거두시고 당신의 빛 안에서 저의 본래의 모습을 보여 주셨습니다."

완전한 사랑의 삶에는 '굴곡'(ups and downs)이 있다. 그것은 한결같은 차원의 삶이 아니다. 그러기에 웨슬리는 이렇게 말한다: "의지가 고정적으로 그리고 한결같이 하나님께 드려지는 것은 성결의 상태에 있어서 기본적이지만, 항상 같은 기쁨, 평안은 하나님과의 행복한 교통 가운데 있는 것은 아니다. 그러한 것들은 정도를 달리하면서 일어난다. 그러한 상태는 우리의 몸이나 마귀의 도구에 의해서 영향을 받기도 한다. 그러나 그것은 어떤 지혜로도 이해할 수 없으며 또는 제거할 수 없는 경우가 있다." 토마스 쿡(Thomas Cook)은 『신약의 거룩』에서 그와 같은 판단을 내리고 있다. 그는 "성령은 성결한 모든 그리스도인들의 마음에 손님으로 거하게 되는 때가 있으며, 그의 임재함에 대한 느낌이 무디어질 때가 온다. 그 때는 우리의 영적 하늘은 어두워지며 모든 감정이 잠재워진 것 같이 된다. 마음의 소원, 기쁨, 평안의 상실이 있으며, 그것은 성결을 경험한 영혼에게 경고의 징표가 된다"고 말한다. 우리의 기쁨과 평안 그리고 하나님과의 영교에 대한 느낌이 왔다 갔다 한다. 그런가 하면 마귀는 우리에게서 믿음을 도적질하는 무기로 우리의 감정의 변화를 사용한다는 사실을 기억하는 것이 좋다. 교회가 신비스럽다고 하는 이유는 영적 메마름의 계절이 가지고 있는 가치를 교회가 강조할 수 있다는 점에 있다. 자연계에는 항상 여름만 있지 않고 겨울도 있다. 영적 세계에도 이와 마찬가지라고 사람들은 말한다. 스쿠폴리(Scupoli)는 그의 책 『영적 전쟁』(The Spiritual Combat)에서 "하나님이 보내는 영적 메마름은 영혼의 보화 중의 하나로 분류되어야 한다"고 말한다. 가톨릭의 경건성은 '영혼의 어두운 밤'에 대하여 많은 것을 말한다. 영혼의 순례의 길에는 구름이 있을 때도 있는데, 그러한 때를 하나님이 허용하신다. 우리의 믿음을 유지함에 있어서 그 때가 아주 귀중하다는 사실을 우리가 기억하는 것이 좋다.

사도 요한은 담대함(boldness)이 완전한 사랑의 열매 중의 하나라고 말한다. 그는 "이로써 사랑이 우리에게 온전히 이룬 것은 우리로 심판 날에 담대함을 가지게 하려 함이니"라고 말한다(요일4:17). 신약은 그리스도인의 경험에서 차지하고 있는 담대함의 중요성에 대하여 매우 강조한다. 히브리서 기자는 "우리가 예수의 피를 힘입어 성소에 들어 갈 담력을 얻었나니"라고 말한다(히 10:19). 성경은 우리가 하나님께 겸손하면서도 담대하게 나갈 것을 촉구하고 있다. 우리는 사도들이 담대하게 말씀을 전하였을 때, 권세자들이 "베드로와 요한이 기탄 없이(boldness) 말함을 보고 그 본래 학문 없는 범인으로 알았다가 이상히 여기며 또 그 전에 예수와 함께 있던 줄도 알았다"는 사실을 읽는다(행 4:13). 겸손은 담대함과 함께 한다. 우리 안에서 하나님의 은혜에 의해서 이루어진 완전은 우리를 변명 하거나 나약하게 만들지 않고 우리의 삶과 증거 속에서 우리를 용기있고 담대하게 만든다. 이러한 담대함은 염치없거나 뻔뻔스러운 것이 아니다. 그것은 우리가 이미 언급한 수치심처럼 우리의 마음에 존재할 수 있다: "그 때에 너희가 너희 악한 길과 너희 불선한 행위를 기억하고 너희 모든 죄악과 가증한 일을 인하여 스스로 밉게 보리라"(겔 36:31). 찰스 웨슬리 는 그것을 "죄의식 없는 수치심이요 달콤한 낙망"이라고 부른다. 담대함과 수치심은 이상적인 그리스도인의 성품 속에 함께 자리잡고 있다.

위에서 언급한 열매들은 신자들의 삶 속에서 나타난다. 외부 세계와 관 계가 있는 중요한 열매가 있다: 완전한 사랑은 자국 내와 타문화권 선교 모두에서 하나님의 사역을 부흥시킨다. 에스겔은 "열국 가운데서 더럽힘 을 받은 이름 곧 너희가 그들 중에서 더럽힌 나의 큰 이름을 내가 거룩하게 할지라 내가 그들의 목전에서 너희로 인하여 나의 거룩함을 나타내리니"라 고 말한다(겔 36:23). 예수님은 그의 위대한 기도에서 성도를 완전케 하 는 것이 세상에 미치는 영향에 대하여 언급하고 있다: "내가 저희 안에 아 버지께서 내 안에 계셔 저희로 온전함을 이루어 하나가 되게 하려 함은 아버지께서 나를 보내신 것과 또 나를 사랑하심 같이 저희도 사랑하신 것 을 세상으로 알게 하려 함이로소이다"(요 17:23). 이 사실은 웨슬리가 지 속적으로 언급하고 있는 바와 같다: "완전 성결이 명료하게 그리고 강하게 전파되는 곳은 어느 곳에서나 하나님의 일이 번성할 것이다."[5] 찰스 웨슬 리는 그의 찬송시에서 다음과 같이 선포하고 있다:

> *내가 당신의 긍휼을 전파하옵니다,*
> *모든 사람이 당신의 진리를 알게 되옵니다,*

---

5 *Letters*, VII. 259.

신의 위대하고 영광스런 이름이 거룩하게 여김을 받으소서,
내 안에 거룩을 완성시키옵소서.

신자의 봉사에 추가되어야 할 열매가 하나 더 있다. 우리의 삶이 더 고상하고 더 거룩할 때 하나님은 사람들을 구원하는 일에 우리를 더 많이 사용하실 수 있다는 것은 확실하다. 에바 수녀는 "자신을 *전적*으로 하나님께 드리지 않은 사람들은 다른 사람들을 자유롭게 할 수 없다"고 말한다. 그렇다고 해서 우리가 필연적으로 아주 엄청난 운동을 일으킬 것이라고 상상하지 말자. 하나님은 전혀 드러나지 않는 방법으로 우리를 사용하실 수 있다. 이것이 하나님의 일 속에서 나타나는 일반적 기준이다. 그래서 도라 그린웰(Dora Greenwell)은 다음과 같이 말한다: "내가 관찰한 바는 하나님 한 분 외에 아무 친구도 없으며, 누구에게도 알려지지 않고 눈에 띠지 않게 위대한 일들을 위해 자신들의 마음과 생애를 파묻은 사람들이 수없이 많이 있었다는 것이다. 바로 그러한 사람들이 그리스도처럼 구링하며, 위로하며, 방황하는 사람과 배교한 영혼을 다시 찾는 능력을 가지고 있다."6) 하나님은 우리의 삶이 일구어 낸 모든 결실을 보게 하지 않는다. 왜냐하면 우리 자신이 그것으로 인해 영광을 취하므로, 우리 자신에게 상처를 주며 하나님을 기쁘시게 하지 못하게 되기 때문이다. 금세기 전반부에 교회가 감당한 선교 사역은 지난 세기 하반부의 선교만큼 빠르게 진척되지 못하였다. 우리는 교회의 영적 삶이 전도와 선교에 있어서 가장 중요한 요소라는 점을 기억할 필요가 있다. 당신이 더 높이 올라가면 더 멀리 본다.

완전한 사랑의 삶은 그리스도인의 성품, 영적 지각, 영적 또는 물질적 번영, 전도, 그리고 선교 사역에 있어서 가장 많은 열매를 생산한다. 우리

---

6 『십자가 상의 말씀들』(Colloquia Crucis), p. 89.

는 '나머지 약속들'을 우리 것으로 삼기 위해 계속 추구해야 한다. "그러므로 너희 담대함을 버리지 말라 이것이 큰 상을 얻느니라. 너희에게 인내가 필요함은 너희가 하나님의 뜻을 행한 후에 약속을 받기 위함이라"(히 10: 35-36).

10

거룩과 천국

내게, 당신의 사랑스런 이름으로,
용서와 거룩과 천국을 주셨도다.

위의 아름다운 찬송 시에서 찰스 웨슬리는 우리의 구원의 모습을 그리고 있다. 그것은 나를 위한 것; 그것은 그리스도 안에서 그리고 그를 통하여 온 것이다; 그것은 주어진 것이지 내가 이룩한 것이 아니다; 그것은 사람이 하나님으로부터 멀어졌기에 죄 용서로 시작한다는 전제 위에 기초하고 있다; 그것은 사람이 하나님의 형상을 잃었으나 마음의 거룩함 속에서 회복된다는 전제 위에 기초하고 있다; 그것은 분명한 목적지를 향한 순례의 길이며, 그 목적지는 하늘이다. 위의 시를 기억하고 조용히 마음 속에서 몇 천 번이라도 되새길 가치가 있다. 죄 용서, 거룩, 천국은 서로 떼어놓을 수 없고 서로를 보완한다. 당신은 천국을 말하지 않고 신약의 거룩을 정의할 수 없다. 보통 사람들은 거룩한 사람을 부드럽고, 친절하고, 선한 사람이라고 생각한다. 물론 그렇지만, 그것은 거룩의 내용의 일부분에 지나지 않는다. 오토는 "그것은 마지막 날의 신비에 참여하는 사람을 의미한다"[1]고 말한다. 기술적인 용어로 그것은 전적으로 종말론적이다. 말하자면, 거룩은 삶의 극치인 종말과 관련되어 있는 것이다. 거룩한

---

1 *The Idea of the Holy*, p. 86.

사람은 하나님의 나라 또는 천국의 일원이다. 그는 그 왕에 의하여 부름을 받았으며 왕께 충성을 맹세한 사람이다.

스터드(C. T. Studd)의 생애의 서문에서 알프레드 벅스톤은 "나는 그로부터 성도의 이상형으로, 하나님이 원하시는 바는 일차적으로 자기 자신의 성결에만 관심을 쏟는 사람이 아니라는 것을 배웠다; 하나님의 성도는 50%는 군사이다." 만일 그가 100%라고 말했다면 더 확실한 진리였을 것이다. 성도는 하나님께 속한 사람으로 하나님 나라의 일원이요 군사이다. 그리고 그의 무기는 사랑이다. 그는 시온을 향하는 순례자이다. 거룩은 천국과 관련되어 있다. '완전'이라는 용어는 종말 혹은 종지부를 의미한다. 신약에서 그것은 하나의 종말 이상의 것에 대하여 적용하고 있다. 적어도 세 가지가 있다: (1) 이 세상의 삶 속에서의 죄의 종말, (2) 주님의 재림, (3) 천국 혹은 미래의 삶. 이들 세 가지 종말은 이 장에서 다루는 주제이다.

천국은 미래의 삶에만 국한되어 있지 않다. 그것은 이 땅에서 시작되며 적어도 우리는 그것을 이 곳에서 맛볼 수 있다. 천국은 현재적이며 동시에 미래적이다. 그것은 그리스도의 초림과 함께 이 땅에 도래하였다. 그 안에서 우리는 지금 천국과 접촉하고 있으며 죽은 후에 완전하게 누리게 된다. 그래서 사도 마태는 하나님의 나라(Kingdom of God)보다는 천국(Kingdom of Heaven)을 선호하고 있다. 천국은 그리스도와 함께 도래하였다. 히브리서 기자는 천국의 능력이 지금 인간의 삶 속에 풍성하게 부어지고 있다고 생생하게 말하고 있다: "그리스도께서 장래 좋은 일의 대제사장으로 오사"(히 9:11) 그리고 "하나님의 선한 말씀과 내세의 능력을 맛보고"(히 6:5). 이 순간에도 천국의 능력들은 이 땅에서 우리의 삶 속에 부어지고 있다. 우리는 그 사실을 인식하고 있는가? 우리는 그 사실을 믿으며 그 능력을 받고 있는가? 우리는 우리 자신들을 자극시켜 산 믿음을 가지고 그리스도와 함께 도래한 천국의 능력들을 기대해야 한다. "당신 하나님을"(Te Deum)이라는 부활절 찬송가에서 우리는 "당신이 죽음의 예봉을 극복했을 때 당신께서 모든 신자들에게 천국 문을 열어 놓은 것입니다"고 찬양한다. 이 모든 말은 예수께서 사역을 시작할 때 "회개하라. 천국이 가까왔느니라"고 선포한 말 속에 다 포함되어 있다. 사도 요한도 비슷하게 영생은 현재적으로 소유할 수 있고, 미래에는 완전하게 향유할 수 있는 목표라고 말하고 있다. 이 땅에서의 우리의 천국적 삶에 있어서 '종말'의 기본 요소는 죄의 종말이다.

> 죄의 종말과 사단의 일을 괴멸하기 위하여,
>   하나님께서 그의 나라를 이 곳에 들여왔네,
>   평강과 의와 기쁨이 넘치네;
> 성령을 사람에게 주셨네;
> 천국에서 내려온 하나님을 기뻐하세.

이것은 이 책의 이전 장들에서 다루었던 주제들이다. 지금 그리스도 안에서 우리의 것인 천국의 능력을 우리의 것으로 삼자.

> 나의 예수님, 당신의 보혈의 흐름,
>   이 영원한 생명, 아래 있는 하늘을 ,
> 알고 느끼게 하소서.
>
> 은혜를 아는 자 밑에서 시작된 영광을 찾았네:
> 이 땅위에 핀 천상의 열매
>   믿음과 소망 안에서 자란다네:
>   그리하면 우리의 노래 가득하며, 모든 눈물 마르리;
> 우리는 임마누엘의 땅으로,
>   위에 있는 더 좋은 세상으로 전진하겠네.

신약에서 거룩과 연관되어 있는 두 번째 종말은 주님의 재림이다. 그러므로 신약에서는 주님을 만날 준비를 하기 위하여 신자들이 거룩해야만 한다는 명령이 거듭되고 있다. 사도 바울은 데살로니가 교인들에게 그들의 부족한 믿음을 완전하게 하기 위하여 그들을 보기 원한다고 말하였다: "너희 마음을 굳게 하시고 우리 주 예수께서 그의 모든 성도와 함께 강림하실 때에 하나님 우리 아버지 앞에서 거룩함에 흠이 없게 하시기를 원하노라"(살전 3:13); 또한 "평강의 하나님이 친히 너희로 온전히 거룩하게 하시고 또 너희 온 영과 혼과 몸이 우리 주 예수 그리스도 강림하실 때에 흠 없게 보전되기를 원하노라"(살전 5:23). 빌립보 교인들에게 바울은 "너희 속에 착한 일을 시작한 이가 그리스도 예수의 날까지 이루실 줄을 우리가 확신하노라"고 썼다(빌 1:6). 고린도 교인에게는 "주께서 너희를 우리 주 예수 그리스도의 날에 책망할 것이 없는 자로 끝까지 견고케 하시리라"(고전 1:8); 디도에게는 주님의 재림에 대한 복스런 소망에 대하여 말하면서 "그가 우리를 대신하여 자신을 주심은 모든 불법에서 우리를 구속하시고 우리를 깨끗하게 하사 선한 일에 열심하는 친 백성이 되게 하려 하심이니라"(딛 2:14).

그와 비슷한 언급들이 다른 곳에서 사도 바울과 요한과 베드로와 히브리서 기자에 의해서 언급되고 있다. 우리가 주님을 보기를 원한다면 성결의 아름다움으로 옷 입어야 한다는 것은 초기 교회가 보편적으로 증거하고 있었던 내용이다. 주님의 재림에 대한 이와 같은 언급은 비록 우리의 주제는 아니지만 약간의 해설을 요한다. 우리는 다른 사람들이 그 부분에 대하여 이해하고 있는 바를 존중하여야 한다. 그것이 나의 신앙에 있어서 가장 강한 점 중의 하나다. 이런 확신은 해가 갈수록 심화된다. 나는 우리 주님이 우리가 지금 알고 있는 대로 이 땅 어느 곳에서 살며 통치하기 위하여 오신다고 생각하지 않는다. 주님이 오실 때는 이 세대의 종말이 오며, 아마도 대 혼란의 때가 될 것이다. 넬슨(J. R. Nelson)은 웬드랜드(Wend-land)의 말을 다음과 같이 인용하고 있다: "주님의 재림은 역사와 특히 이 세대의 종말이다; 그 종말을 향하여 세상의 역사는 흘러가고 있다. 물론 그와 동시에 재림은 이 세상의 형태와 세속사의 구조를 산산이 조각나게 할 것이다."[2] 사도 바울은 데살로니가전서 4장 13절부터 18절에서 그리스도께서 다시 오실 때 이 땅 위에 있는 신자들은 "구름 속으로 끌어 올려 공중에서 주를 영접하게 하여 항상 주와 함께 있으리라"고 말한다. 어떤 사람들은 이 구절에 대하여 미소지으며 그것은 과거의 묵시 사상에 속하는 것이라고 생각한다. 사도 바울은 여기에서 자신이 알고 있는 범위 내에서 문자적 진리를 우리에게 말하고 있다고 생각한다.

과학자들은 어느 날 우리의 지구는 태양 주변의 궤도를 이탈하여 대화제를 당하게 된다고 말한다. 그러한 사건이 일어난다고 상상해 보라. 그 때에 하나님의 백성들은 그 멸망에서 벗어나서 이 지구로부터 들림을 받게 된다. 그것은 우리기 지금 아는 바대로, 우리의 몸이 변화되어 들림을 받을 때 삶의 종말이 온다는 의미다. 바로 그것이 사도 바울이 빌립보 교인들에게 "오직 우리의 시민권은 하늘에 있는지라. 거기로서 구원하는 자 곧 예수 그리스도를 기다리노니 그가 만물을 자기에게 복종케 하실 수 있는 자의 역사로 우리의 낮은 몸을 자기 영광의 몸의 형체와 같이 변케 하시리라"고 말한 바의 의미이다(빌 3:20-21).

그것은 놀랍지 않은가? 너무 좋기에 진리가 아닌 것처럼 생각이 들지 모른다. 만일 당신이 하나님께서 어떻게 그런 일을 하실 수 있는가 묻는다면, 대답은 사도 바울의 "만물을 자기에게 복종케 하실 수 있는 자의 역사로"라는 말에서 찾을 수 있다. 역사의 종말은 와해나 폭발만이 아니라 그리

---

2 『구속의 영역』(The Realm of Redemption), p. 228.

스도의 재림 즉 위대한 영적 승리이다. 인간의 역사와 하나님의 아들의 성육신은 그리스도의 최후의 강림을 요구한다. 그리고 신약은 아주 명확한 언어로 그 사실을 예언하고 선포한다. 그리스도께서 다시 오실 때 어떤 유의 왕국을 건설할지 계시되어 있지 않으며 또한 우리의 상상 밖의 것이다. 자연은 폐기되는 것이 아니라 변화된다는 사실을 우리는 안다. 사도 바울은 "피조물도 썩어짐의 종노릇 한데서 해방되어 하나님의 자녀들의 영광의 자유에 이르는 것이니라 피조물이 다 이제까지 함께 탄식하며 함께 고통하는 것을 우리가 아나니"라고 말한다(롬 8:21-22).

그러므로 주님의 메시아 왕국에는 새롭게 변화된 자연이 포함되어 있을 것이다. 그것은 상상을 초월한 일이다. 전체의 피조물이 향하고 있는 하나님이 하실 한 가지 미래적 사건은 물리적 실패가 아니며 마귀의 승리도 아닌 그의 능력의 종말이며 그리스도의 재림이다: "다시 밤이 없겠고 등불과 햇빛이 쓸 데 없으니, 이는 주 하나님이 저희에게 비취심이라 저희가 세세토록 왕노릇하리로다"(계 22:5). 이 사실은 모든 자료들을 총망라하여 논증한 결론에 의한 것이 아니라 내가 확신하고 있는 바를 개진한 것뿐이다. "이것들을 증거하신 이가 가라사대 내가 진실로 속히 오리라 하시거늘 아멘, 주 예수여, 오시옵소서"(계 22:20).

신약은 거듭 거듭 거룩만이 우리로 하여금 주님을 만나기에 적합하게 만든다고 말한다. 히브리서 기자가 "모든 사람으로 더불어 화평함과 거룩함을 좇으라. 이것이 없이는 아무도 주를 보지 못하리라"(히 12:14)고 쓸 때 그는 신자가 완전 성결을 경험하지 않고는 주님을 보지 못할 것이라고 암시한 것은 아니었다. 월샴 감독(Bishop Walsham)은 "영혼이 하늘을 향하도록 돕기 위하여 당신은 올라가고 있어야 한다; 당신이 훨씬 높이 올라갈 필요는 없겠지만 그래도 올라가고 있어야 한다"고 말하였다. 여기에서 그가 말하는 바는 우리가 아무리 성숙하다 해도 우리는 지속적으로거룩한 삶을 추구하여야 한다는 것이다.

그것은 웨슬리의 판단이기도 하다. '완전한 사랑'에 대하여 말하면서 그는 다음과 같이 말한다: "나는 모든 신자들이 이것을 얻을 수 있다고 확신한다; 그렇지만 나는 그들이 그것을 얻을 때까지 하나님의 저주 아래서 정죄받고 있는 상태라고는 말하지 않는다. 아니다. 그들이 은혜의 상태에 있으며 믿음을 가지고 있는 한 하나님의 돌보심 가운데 있다. 또한 나는 '그것 없이 죽는다면 당신이 멸망할' 것이라고 말하지도 않는다. 오히려 당신이 거룩하지 않은 성품에서 구원함을 받기 전까지는 당신은 영광을 위할 만큼 성숙하지 않았다는 것이다. 하나님이 당신을 자신에게로 불러 들이기 전에 당신의 영혼 속에 이루어질 더 많은 약속들이 있을 것이다."[3] 그것은 우리가 앞으로 전진할 것과 우리의 부르심과 선택을 확실하게 해 주는 방향으로 작용한다.

이 전에 제시한 대로 새로운 몸이 되게 하는 것은 우리 안에 있는 구속의 은혜의 마지막 일 중 하나이다. 예수님이 오실 때 살아있는 사람들을 위하여 예수님은 비천한 우리의 몸을 새롭게 빚어 그의 영광의 몸처럼 만들 것이다. 그러나 주님이 오시기 전에 죽은 사람들을 위하여는 "만일 땅에 있는 우리의 장막 집이 무너지면 하나님께서 지으신 집 곧 손으로 지은 것이 아니요 하늘에 있는 영원한 집이 우리에게 있는 줄 안다"(고후 5:1). 이것은 무덤에서 생기를 얻은 물질적 몸이 아니라 하나님의 새로운 창조요 선물이다. 사도 바울은 이 세상에서 소유할 수 있는 성령의 첫 번째 열매라는 제하의 완전 성결을 포함한 모든 영적 복을 포함하면서 "이뿐 아니라 또한 우리 곧 성령의 처음 익은 열매를 받은 우리까지도 속으로 탄식하여 양자 될 것 곧 우리 몸의 구속을 기다리느니라"고 말한다(롬 8:23).

---

3 *Letters*, Ⅳ. 10.

이 세상에서 아무리 높은 차원의 성결한 삶을 살아도 그것 때문에 천국의 몸이 만들어지는 것은 아니다. 그것은 죽음 저편에서의 하나님의 행위의 결과이다. 우리의 육체는 썩게 되어 있다. 그렇다고 해서 그것이 죄악된 것이라고 여기지 않으며 다만 지나갈 뿐이라는 것이다. 새로운 몸이 그리스도의 영광을 받은 몸과 같기 때문에, 어떤 면에서 세상의 몸을 닮게 될 것이다: "육의 몸으로 심고 신령한 몸으로 다시 사나니"(고전 15:44). 천국의 몸은 거룩의 메시지의 일부분으로 죽음 저편에서 우리 안에 역사하신 하나님의 일의 완성이다. 사도 바울이 "내가 이미 얻었다 함도 아니요 온전히 이루었다 함도 아니라"고 쓸 때 그가 생각하고 있는 구속의 일 속에 그것이 포함되어 있다(빌 3:13).

신약에서 말하는 거룩에 포함되어 있는 세 번째 종말은 죽음 저편에 있는 하늘 즉 미래의 삶이다. 중세기에 살았던 한 삭발 수도사의 이야기가 있다. 그는 한 설교에서 우리는 천국에서 세 가지 놀라운 일을 발견하게 될 것이라고 말하였다: "우리가 결코 기대하지 않았던 수많은 사람들을 그곳에서 발견하는 놀라움; 우리가 기대했던 수많은 사람들을 발견하지 못하는 놀라움; 그 중에 가장 놀라운 것은 우리가 그 곳에 있다는 놀라움이다." 그러나 많은 사람들은 오늘날 우리가 발견할 놀라움은 천국에 대한 것이 아니고 사람들에게 있는 의심이요 거역이라고 생각한다. 번연은 그의 『천로 역정』에서 모든 세대에게 적용될 장면을 보여 주고 있다. 그 곳에서 크리스챤과 소망이 '기쁨의 산' 위에 올라 목자의 안경을 통하여 희미하게 보이는 천상의 성문을 바라보고 있는 장면이 나온다. 그들이 그 도시를 향하여 여행하고 있을 때 그들은 한 사람이 홀로 그들을 만나러 오고 있음을 보았다. 그 때 크리스챤은 동료에게 말했다, "저 곳에 시온을 등지고 우리를 만나러 오는 한 사람이 있습니다."

소망: 나도 그를 봅니다. 자, 우리가 지금 조심스럽게 살펴보고 그가

아첨하는 자인가 판단을 내립시다.

(그는 점점 가까이 와서 결국은 그들에게 도달하였다. 그의 이름은 무신론자였다. 그는 그들에게 어디로 가는지 물었다.)

크리스챤: 우리는 시온산을 향하여 갑니다.

(그러자 그 무신론자는 큰 소리로 웃었다.)

크리스챤: 당신이 그렇게 웃는 것은 무슨 의미입니까?

무신론자: 당신들이 무지한 사람들임을 알고 그렇게 웃었오. 당신들은 참으로 지루한 여행을 하고 있으며 결국 남는 것은 고통뿐이라오.

크리스챤: 왜요, 당신은 우리가 받아들여질 수 없을 것이라고 생각합니까?

무신론자: 받아들여지다니요! 이 세상에는 당신이 꿈꾸는 것과 같은 곳은 없습니다.

크리스챤: 그러나 앞으로 올 세상에는 있습니다.

무신론자: 내가 내 나라에 있는 집에 있을 때 나는 당신들이 지금 주장하는 것에 대하여 들었소. 그것을 듣고 밖으로 나와 무려 20년 동안을 그 도시를 찾아 헤매었소; 그러나 내가 그 여행을 시작한 첫날 아무 것도 발견하지 못했듯이 지금도 아무 것도 발견하지 못했소.

크리스챤: 우리는 그러한 장소가 발견된다는 사실을 들었고 또한 믿고 있소.

이 이야기에서 무신론자에게는 거부가 있지만 크리스챤의 가슴에는 신비에 대한 확고한 동경이 있음을 보여 주고 있다. 신약에서 그 이상으로 확실하게 기록되어 있는 진리는 없다. 그 진리는 거듭거듭 반복되고 있으며 그것에 대한 의심의 그림자는 전혀 없다.

이 시대에 우리는 놀라움과 거부를 만날 뿐만 아니라 애통스럽게도 무관심을 만난다. 우리의 선조들은 "나는 이 곳에서 나그네요 천국이 나의 집이네"라는 찬송을 자주 불렀다. 신약 전체를 통하여 우리가 볼 수 있는 것은 이 세상의 삶은 하늘의 도성을 향하여 가는 순례자의 여정이라는 것이다. 우리는 '나그네와 행인'이라고 불린다. 현대인은 자신을 이 세상에서 유산을 받으리라고 여기며 안주하려 한다.

오랫동안 나는 신약을 통하여 신자가 죽으면 중간의 처소가 없기 때문에 그의 영혼은 곧 바로 하늘로 간다는 것으로 믿어왔다. 사도 바울은 초기 사역에서 이 점에 대하여 별론 큰 관심을 가지지 않았던 것 같다. 그러나 나중에는 여러 여건들이 그를 강요하였다. 제 3차 전도 여행 기간 중 그의 건강에 문제가 생겼으며 죽음 직전까지 이르렀다(고후 1:9). 그는 격렬한 핍박을 당하였는데 에베소에서 맹수로 더불어 싸웠다고 설명한다 (고전 15:32). 그는 주님이 오실 때까지 살아 있을 수 없다는 사실을 인식하기에 이르렀고 그래서 '죽은 후에 즉시 일어날 일이 무엇이겠는가?'라는 질문이 그에게 대두되었다. 우리가 고린도전서 15장과 고린도후서 4장 7절부터 5장 10절까지를 비교해 볼 때 그의 생각이 발전되어 나가는 것을 볼 수 있다: "만일 땅에 있는 우리의 장막 집이 무너지면 하나님께서 지으신 집"이 있다고 바울은 말한다(고후 5:1). 이 말에서 우리는 땅의 장막 집이 무너지면 즉시 하나님께서 지으신 집을 주신다는 사실을 추론할 수 있다. 빌립보 교인들에게 "내가 그 두 사이에 끼었으니 떠나서 그리스도와 함께 있을 욕망을 가진 이것이 더욱 좋다"고 바울은 말한다(빌 1:23). 고린도 교인들에게는 그 조건을 "몸을 떠나 주와 함께 거하는 것"이라고 설명한다(고후 5:8).

하늘에서 그리스도와의 이와 같은 친밀한 교제와는 반대로 이 땅에서 우리가 지금 가지고 있는 그리스도와의 교제는 '주와 따로 거하는'것으로 표현하고 있다(고후 5:6). 만일 그렇다면, 그것은 각 사람이 받을 심판은 죽음과 함께 온다는 것을 의미한다. 나도 그렇다고 생각한다. 종말의 때에 살아있는 사람들이 심판을 받게 될 마지막 심판의 날이 있을 것이다. 심판의 날에 대하여 말하면서 우리는 '날'이라는 말에 강조점을 둘 필요는 없다. 왜냐하면 주님께는 한 날이 천년과 같기 때문이다. 과연 수억이 넘는 그 많은 사람들을 24시간 내에 다 심판할 수 있을까? 실제적인 의미에서 보면 매일매일은 심판의 날이다. 중간 상태의 개념을 유지하기 원하는 사람들은 그리스도 안에서 죽은 사람들이 그리스도와 함께 중간의 상태에 있는 특별한 처소에 있을 것이라고 제안한다. 만일 그렇다면 그것은 죽음과 함께 그들이 이미 심판받고 받아들여졌음을 의미한다.

나는 그것이 가능할 수도 있겠지만 사실은 그것만으로는 충분하다고 생각하지 않는다. 예수님의 고귀한 말씀에서 우리는 그를 따라 즉시 천국의 집으로 들어간다고 추론할 수 있다: "내가 너희를 위하여 처소를 예비하러 가노니 가서 너희를 위하여 처소를 예비하면 내가 다시 와서 너희를 내게로 영접하여 나 있는 곳에 너희도 있게 하리라"(요 14:2-3). 여기서는 그 문제에 대하여 충분하게 논의할 상황이 아니고 내 생각 속에 머물고 있는 확신을 표현하는 기회로 삼을 뿐이다. 물론 주님이 자신의 왕국을 건설하러 오실 때 천국에 이미 있는 사람들에게도 영향이 미칠 것이다; 분명 어떤 움직임과, 진전과 복이 있을 것이다. 그러나 나는 이미 떠난 성도들이 지금 주님을 의식하며 주님과 함께 있다고 믿는다.

하나님은 성경에서 천국 생활의 조건에 대하여 자세한 설명을 하지 않으셨다. 우리는 몇 가지 언급을 통해서 약간의 추론을 내릴 수 있다. 예수님은 죽은 자 가운데서 살아 난 사람은 "하늘에 천사들"과 같을 것이라고 했다(막 12:25). 또한 그는 천국을 기쁨이 넘치는 혼인 잔치에 비유하고 있다. 예를 들면, 은전을 맡은 자들에 대한 비유에서 천국에는 책임과, 기회와 발전이 있음을 암시하고 있다: "착한 종이여, 네가 지극히 작은 것에 충성하였으니 열 고을 권세를 차지하라"(눅 19:17). 찰스 웨슬리는 우리가 지상에서 충만한 복을 받았을 때, "사역을 마쳤지만 그 사역은 시작에 지나지 않는다"고 말하였다. 우리가 천국의 몸을 받은 후에도 그와 같은 경우가 될 것이다. 지나간 수세기 동안 그리스도 교회의 마음 속에 친구들이 천국에서 서로 서로를 알게 될 것이라는 기대가 생겨나서 지금까지 전해지고 있는데, 나도 성령 안에서 그것을 그대로 믿는다. 그리고 신약에서도 그것을 결코 부인하지 않는다. 베론 후겔(Baron von Hugel)도 그럴 것이라고 믿는다: "부모와 자녀간, 형제와 자매간, 남편과 아내간의 관계는 지상에서와 같은 관계로 계속 유지되지는 않는다는 사실에 대하여는 의심의 여지가 없다. 그렇지만 어떤 형태로든 그 관계는 보존될 것이다."4) 로버트 브라우닝(Robert Browning)도 그렇게 믿었다. 그의 아내 엘리자벳 바렛(Elizabeth Barrett)이 죽은 후에 그는 다음과 같이 썼다:

> 내 영혼의 영혼이요, 심장이요, 빛이시여,
> 내가 당신을 다시 꼭 껴안으리다.
> 하나님과 함께 안식하소서!

　지상의 친구들이 천상에서도 친구로서 교제를 가질 수 있는지에 대하여는 교회에서 강하게 주장하고 있지는 않다. 또한 신약에서도 그렇게 말하고 있지는 않다. 그렇다고 그것을 부인하지도 않는다. 존 웨슬리는 그것이 가능하다고 믿었다. 그는 다음과 같이 쓴다: "나는 이러한 관계가 죽음 후에 파괴되어야 한다는 어떤 이유도 알지 못한다. 나는 그렇다고 생각할 수 없다. 나 자신도 페니 쿠퍼가 죽은 후에 그녀와의 놀라운 영적 교류가 있음을 발견하였다 그리고 아무리 보아도 내가 그녀를 보지 못할 이유를

---

4 『수필과 연설문들』(Essays and Addresses), 2nd series, p. 274.

찾지 못하였다. 그처럼 당신도 렌티(De Renty)씨가 자기 친구에게 '죽은 것은 잃어지는 것이 아니다, 우리의 관계는 이 후에도 이 곳에서보다 더 완전하게 될 것이다'고 한 말을 기억할 것이다. 그리고 나의 어머니도 마치 자신의 면전에 나의 할아버지가 서 있을 때 느낄 수 있던 것처럼, 그의 영상이 여러 번 나타났음을 느꼈다고 말하는 것을 들었다."[5] 또한 테일러도 "우리가 늘 말하는 천국은 놀랍도록 즐거움이 있는 곳임에 틀림없다"[6]고 말한다. 그 곳은 성령에 의하여 인간의 가슴 속에 새겨진 가장 심오한 염원이 풍만하게 실현되는 극치의 복이 있는 곳이다. 지상에서의 거룩에 대한 열망은 그 곳에서 충분하게 그리고 풍요롭게 만족될 것이다. 성경은 그곳의 영광은 말할 수 없다고 말한다: "하나님이 자기를 사랑하는 자들을 위하여 예비하신 모든 것은 눈으로 보지 못하고, 귀로도 듣지 못하고, 사람의 마음으로도 생각지 못하였다"(고전 2:9). 나는 거룩을 믿으며 천국도 믿는다.

> 인생들아, 그 영광을 얻도록 힘쓰라;
>   그 빛을 얻도록 땀 흘리라;
> 희망을 움켜쥐기 전에 그것을 보내라,
>   그것이 눈에서 살아질 때까지.
> 오, 가루와 재 같은 인생들아, 기뻐하라;
>   주께서 너희의 일부분이 될 것이다:
> 너희는 이제와 영원토록 오직 그의 것이리.

---

5 *Letters*, VI. 381.
6 *The Faith of a Moralist*, I. 421.

11

기타의 단편들

선택

결론을 내면서 몇 가지 다루지 않는 점들이 있는데 간략한 설명이 필요하다. 나는 수년 간 성경을 가르쳐 왔다. 과거를 돌이켜 볼 때 선택에 관한 질문이 강의 시간 중에 제기되지 않은 적이 없었다. 우리는 칼빈주의자들은 아니지만 널리 퍼져 있는 선택의 교리에 직면하지 않고는 당신이 성경을 배우는 학생이 될 수는 없다. 그리고 그것의 의미에 대한 대답을 얻고자 젊은이들이 큰 관심을 가시고 있다. 하나님의 거룩에 기초하며 거기에서 파생한 선택의 교리에 대한 신구약의 본문을 주시해 보는 것은 우리에게 도움이 된다. 사도 베드로는 "오직 너희를 부르신 거룩한 자처럼"이라고 말한다(벧전 1:15). 하나님은 자신이 거룩하기 때문에 부르신다. 베드로가 인용한 레위기에서도 같은 맥락이다. 그래서 베드로도 역시 "너희는 택하신 족속이요, 왕 같은 제사장들이요, 거룩한 나라요"라고 말한다(벧전 2:9). 사도 바울도 비슷하게 선택과 거룩을 연결시키고 있다: "그러므로 너희는 하나님의 택하신 거룩하고 사랑하신 자처럼"이라고 말한다(골 3:12). 다시, "성도로 부르심을 받았다"고 말한다(롬 1:7). 사도 바울은 데살로니가 교인들에게 완전 성결에 관한 문제에 대하여 "너희를 부르신 이는 미쁘시니 그가 또한 이루시리라"고 결론을 내리고 있다(살전 5:24).

거룩은 하나님의 신실성과 부르심 가운데 나타나 있다. 우리는 구약의 여러 관련된 성구 중에서 단지 하나만을 인용하면 족할 것이다: "너는 두려워 말라. 내가 너를 구속하였고, 내가 너를 지명하여 불렀나니, 너는 내 것이라"(사 43:1). 구속과 부르심은 서로 떼어놓을 수 없다. 하나님의 거룩에 대하여 우리가 강조한 하나의 진리는 그것이 파급적이며 그러기에 사람들이 공유할 수 있는데, 그리스도로 말미암아 그것이 모든 사람들에게 제공된다는 것이다: "그가 세상을 구속하기 위하여 고난당하셨네; 그는 모든 사람을 위하여 속죄를 드렸네."

하나님의 선택이 그의 거룩의 열매이므로, 어떤 사람을 영원한 저주로 몰아넣는 무서운 판결이 들어설 자리가 없다. 이 책은 선택 교리를 충분히 다루는 책이 아니다. 단지 선택이 하나님의 거룩에 의존하고 있다는 사실은 선택과 관련이 있는 '무서운 판결'을 허용하지 않는다는 점을 지적하고자 하는 것이다. 선택의 가치는 구원이 하나님의 거룩과 부르심으로 나오기 때문에 구원의 확실성을 포함하고 있다는 점이다. 내가 대학생이었을 때 주말 사역을 위임받았는데, 그 때 한 노인이 나에게 자신은 소년이었을 때와 지금의 설교에는 차이가 있음을 알 수 있다고 말한 경우를 기억한다. 그는 지금의 설교자들은 우리가 하나님의 손을 잡는 것에 대하여 설교하는데 반하여, 그가 소년이었을 때의 설교자들은 우리의 손을 잡는 하나님에 대하여 설교하였었다고 말하였다. 후자는 선택에 관한 언급이다. 그것은 '나를 떠나도록 허용하지 않는 사랑'에 대하여 말한다. 그것은 행동하는 하나님의 거룩이며, 우리 각자에게 "더욱 힘써 너희 부르심과 택하심을 굳게 하라"고 요구한다(벧후 1:10).

그리스도의 완전케 됨

히브리서 기자는 그리스도의 완전케 됨에 대하여 말하고 있다. 그는 2장 10절; 5장 9절; 7장 28절 등 세 곳에서 그 사실을 말하고 있다. 첫 번째 본문은 "만물이 인하고 만물이 말미암은 자에게는 많은 아들을 이끌어 영광에 들어가게 하시는 일에 저희 구원의 주를 고난으로 말미암아 온전케 하심이 합당하도다"라고 말한다. 우선 이 개념은 우리를 놀라게 한다. 예수님은 자신의 본성 속에 죄를 대면하고 있는지에 대한 질문이 일어난다. 이 기자는 우리의 질문에 대답한다. 예수님은 "우리 연약함을 체휼하지 아니하는 자가 아니요, 모든 일에 우리와 한결 같이 시험을 받은 자로되 죄는 없으시니라"고 말한다(히 4:15). 그러므로 그리스도의 완전케 됨은 개인의 죄와는 아무 상관이 없다. 그것은 도덕적 완성이 아니다. 그것은 그의 인격의 완성이며, 풍요며, 확대였다. 본질상 그는 하나님의 아들이고, 그에게는 그만이 구속할 수 있는 타락한 인류가 있다. 그러므로 그가 우리의 타락한 본성을 가진 모습을 취하여 자신의 인격에 자신의 신적 본성 속에 통합할 필요가 있었으며, 이것이 그리스도의 완전케 함이다.

> 그가 종의 형제를 취하여,
> 자기 몸으로 우리의 무서운 저주를
> 갈보리에서 지셨네.

예수님은 당신의 신적 성품에 우리 인간의 성품을 연합시켰고, 구속하였으며, 죄 없이 보존하였다. 그의 겸비는 그에게 주어진 고난을 포함하며, 고난을 통하여 그에게 맡겨진 일과 자신의 인격이 온전하게 되고 완성되었음을 포함한다. 이러한 예수님의 경험은 우리 인간들의 경험과 모든 면에서 일치하지는 않지만 병행한다. 우리에게는 두 종류의 완전케 됨이 있다. 하나는, 믿음에 의한 은혜의 완전케 함이다. 다른 하나는, 순종, 훈련 그리고 때로는 고난에 의한 성품의 완성이다. 그 마지막 부분이 우리 주님의 완전케 됨과 유사하다.

성령의 충만함

우리는 완전한 구원에 대하여 말했지만 성령의 충만함에 대해서는 말하지 않았다. 성령을 소유한다는 용어는 저자에 따라서 다양하게 사용되고 있다. 중생 후 성령의 은사로서 '오순절' 또는 '성령의 세례'라는 용어는 성경에서 말하는 용어와 아주 근접하다. 오순절에 있었던 사건은 제자들에게 있어서는 성령의 두 번째 혹은 그 후의 선물이라고 말할 수 있지만 정황은 비정상적이다. 왜냐하면 대부분의 사람들에게 있어서 그것은 하나님의 자녀로 태어나는 첫 번째 선물이기 때문이다. 다른 한편, '성령의 충만'이라는 용어가 신약에서 사용되고 있다. 그 용어가 사용된 경우를 보면, 사도 베드로가 입을 벌리고 또 하나님을 위하여 행동해야 할 때, 성령이 그의 전체를 지배하였던 사역의 순간에 대하여 언급하고 있다는 사실을 우리는 알게 된다. 그러기에 우리는 사도 베드로가 장로들과 관원들에게 말할 때 "성령이 충만하여 말하였다"는 사실에 접한다(행 4:8). 다시 바울이 박수 엘루마를 만났을 때 그가 "성령이 충만하여 그를 주목하였다"고 한다(행 13:9). 집사들도 '성령의 충만함'을 받아야 하며(행 6:3), 바나바도 "착한 사람이요 성령과 믿음이 충만한 자였다"고 기록되어 있다(행 11:24). 사도 바울은 "술 취하지 말라. 이는 방탕한 것이니 오직 성령의 충만함을 받으라"고 우리에게 권고한다(엡 5:18).

문제는 이러한 것들이 또 다른 성령의 선물을 의미하는지, 아니면 이미 우리 안에 들어와 있는 성령이 신자들의 전적인 헌신 때문에 우리를 전인격적으로 지배하게 되는 것을 의미하는지에 있다. 신약은 성령에 대하여 두 가지 다른 방법으로 말하고 있다. 그러나 이 둘을 조화시키려는 시도는 없다. 성경은 성령을 유동체와 인격으로 비유하고 있다. 위의 두 본성은 서로 교차하는 것으로 설명되고 있다. 유동체로 비유하는 것은 성령을 물과 연결한 구약에서 그 유래를 볼 수 있다. 요엘은 성령의 부어 주심에 대하여 말하였다. 그리고 사도 베드로는 오순절에 요엘이 사용한 형상을 그대로 사용하면서 그의 말을 인용하였다. 예레미야는 하나님이 "생수의 근원"이라고 말한다(렘 17:13).

만일 성령을 부어질 수 있는 물체로 비유한다면 컵이 물로 가득 채워질 수 있거나 아니거나 하듯이 생명도 가득 채워지거나 아니거나 할 수 있다는 말이 된다. 이런 경우, 성령으로 채운다는 것은 하나님의 두 번째 혹은 중생 후의 행위라고 할 수 있다. 그와 비슷하게 사도 바울도 "한 성령으로 세례를 받았다"고 말한다(고전 12:13). 그러나 성령을 인격으로 비유한다면(이것은 예수님이 항상 그렇게 말하였음), 성령으로 채워진다는 말을 하는 것은 부적절하다. 그런 경우 성령이 내 안에 있든지 아니든지 할 것이다. 이런 경우, 만일 우리가 성령으로 채운다고 하면, 그것은 성령의 다른 선물을 의미하는 것이 아니라, 이전에 내 안에 내주하지만 나의 새로운 헌신의 행위를 통하여 성령이 나를 완전히 점유하여 전폭적으로 지배함을 의미한다.

우리는 성령의 충만을 완전 성결과 동일시하여야 하지 않을까? 물론 웨슬리도 중생과 함께 성령이 선물로 주어졌다는 사실에 대하여 확신하며 또한 그것을 강조하였으나, 오늘날 많은 사람들이 사용하기를 즐겨하는 성령의 충만함이라는 용어에 대하여는 별로 흥미를 느끼지 않았던 것 같다. 그는 사랑 안에서 완전케 됨에 대하여 말하다가 계속해서 "만일 그들이 이것을 '성령을 받아들임으로'라고 부르기를 좋아한다면, 그렇게 해도 좋다: 그러나 그들이 의롭게 될 때 이미 그들 모두는 성령을 받아들였기 때문에 그 용어는 성경적이 아니며 적절하지 않다는 점을 감안하여야 한다. 그 때 하나님은 '그 아들의 영을 우리 마음 가운데 보내셨다'"[1]고 말하셨다(갈 4:6).

이렇듯 당신이 좋아하면 완전 성결을 성령을 받아들이는 것으로 부를 수 있다. 그렇지만 그것은 비성경적이며 적절하지 않은 것이다. 그는 잠깐이라도 성령이 마음에 채워지는 것으로서 완전 성결을 말하지 않는다. 그렇지만 나는 신약이 완전 성결을 성령의 충만과 연결지음에 대하여 거부한다고 생각지 않는다. 사도 바울은 칭의에 대하여 말하면서 "우리에게 주신 성령으로 말미암아 하나님의 사랑이 우리 마음에 부은바 되었다"고 말한다 (롬 5:6). 만일 성령이 칭의 때에 마음에 자리잡고 하나님의 사랑을 발산하는 작용을 하는 것이 사실이라면(이것은 사실이다), 하나님의 사랑이 영혼 속에서 완전하게 되는 완전 성결 때에도 성령이 작용한다고 말할 수 있다. 이제 우리는 성령이 어떻게 우리의 영 안에 거하게 되는지 그리고 그 안에서 그의 일을 어떻게 심화시키는지에 대하여 생각해보고자 한다. 그러나 조심스럽게 움직일 필요가 있다. 이 점에 대하여 웨슬리는 더 이상 질문하지 말라고 우리에게 말할 것이라고 나는 생각한다. 우리는 칭의 혹은 중생 때 성령이 마음 속에 내주한다고 말해도 좋다. 그것은 성령의 세례 혹은 오순절의 경험이다:

> *그가 결코 떠나지 않으리,*
> *겸손한 마음으로부터;*
> *그가 죄를 몰아낼 때까지,*
> *그 안에서 자기 일을 수행하네.*

그가 우리 마음에 거하면서 앞으로의 모든 영적 발전을 위해 도와 주며 우리의 구원을 완성한다.

> *우리가 소유한 모든 것,*

---

1 *Letters*, V. 215.

> 우리가 정복한 모든 것,
> 거룩에 대한 모든 생각,
>   이 모든 것 그의 것이네.

사실상 하나님의 사랑으로 우리 마음을 채우는 분은 성령이다. 그럴 때 우리는 성령의 충만함, 완전한 사랑, 모든 것에 대한 그리스도의 통치를 즐거워한다. 우리의 간절한 기도는 "당신의 성령의 감동으로 마음의 생각을 정결케 하소서. 그리하면 우리 주 그리스도를 통하여 우리가 당신을 완전하게 사랑하며 당신의 거룩한 이름을 드높일 수 있을 것입니다."

성결과 가정

사람들은 성결과 가정에 대한 관계에 대하여도 말한다. 그 주제에 대하여 심도 있게 다룰 가치가 있다. 브로드벨트(J. A. Broadbelt)는 "여러 가지 일에 분수한 실세적인 마르다의 일상 생활에, 아니면 주님의 발 앞에 앉아 있는 종교적인 마리아의 삶 속에 성육신하여 나타날 때처럼 거룩이 아름답게 나타날 때는 없다"[2]고 말한다. 그렇다고 나는 믿는다. 약간은 서툴지만 의미 있는 시 한편을 인용하겠다:

> 만유의 주님이시여, 사랑스런 일을 행함으로
> 또는 당신과 함께 늦도록 경성함으로,
> 또는 미명에 당신을 꿈 꾸므로,
> 또는 하늘 문으로 돌진함으로,
> 내가 성도가 되지 못하오니,
> 내가 음식을 만들며, 접시를 닦는 중에도
> 나를 성도되게 하옵소서.
> 내가 마르다의 손을 가져야 하지만,

─────────────

2 『불타는 마음』(The Burning Heart), p. 120.

> 마리아의 정신을 가지게 하옵소서.
> 내가 장화나 구두를 닦을 때에도,
> 주님, 당신의 신발로 알게 하옵소서.
> 내가 마루를 닦을 때에도,
> 이 세상을 밟은 그 발길들을 생각하게 하소서.
> 내가 더 이상의 시간이 없사오니,
> 나의 묵상을 받으옵소서.

초기 감리교 설교자인 제임스 로저스(James Rogers)는 자신의 부패한 마음에 대한 인식과 완전 구원에 대한 갈망에 대하여 다음과 같이 말한다: "나는 떨리는 마음으로 내 영혼에 용서를 알게 하는 사랑의 빛을 비춤으로 그를 기쁘시게 한 그 집에 갔다. 그 경건한 가족은 곧 나의 용건을 알아차리고 바로 그 시간 그 복을 기대하도록 용기를 주고, 또 완전한 구원을 위하여 주 예수님을 믿으라고 권면하였다. 그리고 우리는 무릎을 꿇었고 아주 선량하며 믿음과 사랑으로 가득 찬 여인인 메리 베스트(Mary Best)가 나를 위하여 주님께 간절히 구하였다. 15분이 지나지 않아 나의 짐은 제거되었고, 완전한 변화를 느꼈고, 겸손의 마음과 즐거움이 특별한 방법으로 뒤따름을 느끼게 되었다."3) 참으로 놀라운 가정이다. 참으로 놀라운 감리교의 유산이다. 그러나 모든 가정들이 다 그렇지는 않다.

성결한 삶은 당신의 빛을 발하게 함으로 여러분의 가정을 그렇게 아름답게 가꾸라고 요청하고 있다. 존 웨슬리는 자기 누이, 홀 여사(Mrs. Hall)에게 쓴 편지에서 "나는 종종 친척 중 하나님의 일을 위하여 나에게 도움을 주고 있는 사람이 너무나 적은 사실이 너무나 이상하다고 생각해 왔습니다"4)라고 말하였다. 웨슬리 자신이 사역하는 동안 마음을 같이 하

---

3 『웨슬리의 용사들』(Wesley's Veterans), vol. 7, p. 144.
4 *Letters*, Ⅳ. 156.

는 가정을 이루지 못했다. 오늘날에도 많은 신자들이 그렇게 산다. 어떤 사람들에게 그것은 아주 지기 어려운 십자가일 것이다. 우리는 사람들을 강압할 수 없다. 만일 그들이 신앙을 갖지 않는다면, 그것은 우리의 재치와 인내심과 사랑과 진지함을 요청하고 있다는 표시이다. 우리는 성도처럼 행동해야만 하고 나머지는 하나님께 맡겨야 한다.

한 번은 어떤 사람이 조지 횟필드(George Whitefield)에게 그 사람이 그리스도인인지 물었다. 그랬더니 그는 "글쎄요, 모르겠는데요. 제가 그를 가정에서 한 번도 본 일이 없습니다"라고 대답했다. 우리의 성결이 친척들과 가정에서 점점 드러나도록 하는 그리스도와 같은 영성을 가져야 될 것이 아닌가! 웨슬리는 "주께서 당신에게 아주 힘든 반려자를 주신다면 그래도 좋다. 그렇지 않아도 좋다. 어떻든지 간에 주께서 직접 당신을 가르치고 강하게 할 것이다"라고 말한다.

간증

이제 끝으로 개인적인 간증을 하고자 한다. 지금까지 나는 나 자신에 대하여는 아무 말도 하지 않으면서 여기까지 왔다. 그러나 이제는 그렇게 해야 한다는 명령을 느끼며 그 명령을 받아들인다. 나의 개인적인 경험을 말하는 것은 아주 조심스럽다. 부분적으로는 나의 소심한 성격 때문일 것이다. 나는 말보다는 삶을 통해서 판단받기를 원하는 마음이다. 그렇지만 우리들에게는 양자가 다 요구된다고 믿는다. 우리는 존 웨슬리가 자신의 완전 성결의 경험에 대하여 별로 간증하지 않은 이유에 대하여 단조롭게 언급하였다. 그렇지만 나의 마음 속으로는 그의 조심스러움을 정확히 이해할 수 있다. 당신도 그렇지 않은가? 찰스 웨슬리도 자기 형처럼 수줍어하는 사람이었다. 그는 자신의 회심에 관한 찬송가에서 다음과 같이 쓰고 있다:

내가 나의 아버지의 사랑을 어찌 경시하리요?
그의 선물을 소유하기를 부질없이 두려워하리요?

그의 의를 내 마음 속에 감추므로
나누어 주기를 어찌 거절하리요?

그렇게 말하지만 그는 자신의 수줍음 때문에 갈등하였다. 나는 내가 그리스도인 부모와 그리스도인 가정을 가지고 있다는 사실로 인해 늘 감사하며, 해가 갈수록 더욱 더 감사한다. 내가 12살 되던 해 어느 주일에 우리 교회의 선교의 밤에 있었던 초청에 응하였다. 800명 가량 모인 앞에서 나는 내 친구와 함께 응하였다. 그 날 이래로 나에게 지대한 영향을 끼친 은혜의 역사가 그 밤에 내 마음에 임하였다. 그렇다고 내가 늘 신실한 것만은 아니었다. 우리 교회는 강한 복음적인 분위기를 가지고 있는 옛날 모습의 감리교회였다. 오랫동안 나는 매 주일 아침 7시에 기도회에 참석하였다. 17세에 나는 내게 있어서 최초의 주머니용 성경을 갖게 되었다. 그리고 거기에 첫 번째 마크한 것이 "하나님의 뜻은 이것이니 너희의 거룩함이라"는 구절이다(살전 4:3). 그 이래로 성결은 내 생애에 있어서 가장 중요한 관심사 중의 하나였다. 나는 제법 광범위하게 기독교회의 경건에 관한 서적들을 읽었다. 그 중 특히 중세와 초기의 신비주의자들의 책들을 많이 읽었다. 나는 그들이 훈련과 희생과 예수님의 발자취를 겸손하게 따라야 함을 강조한 것에 늘 감사한다. 그 후 나는 웨슬리의 믿음을 통한 성결의 가르침에 접하게 되었다. 그 가르침은 이전의 문헌들 속에 존재하지 않은 것은 아니었으나, 크게 두드러지게 나타나 있지 않았다. 나는 웨슬리의 글들을 탐독하였다. 마침내 내가 깨달은 것은 그의 메시지에 종교개혁의 유산이며 신약에서 약속되고 선포된 구원에 대한 해석이 있다는 사실이다. 나는 전율을 금하지 못했다. 그 이전에는 이 복을 내 것으로 삼지 못했었지만, 마침내 나는 그 진리에 대하여 영적으로나 지적으로 만족함을 얻게 되었다.

그 후 나는 나의 삶이 그것을 필요로 한다는 사실에 대하여 확신하게 되었다. 내가 집에 홀로 있으면서 무릎을 꿇고 하나님께 새롭게 나의 전 생애를 드리며 나의 마음 속에서 그의 약속을 이루어 주실 것을 구하였던 순간을 기억한다. 그렇다고 무슨 특별한 일이 벌어지지 않았지만 그 순간 내 영혼 속에 즐거움과 안식과 확신이 생겼다. 믿음을 통하여 하나님이 나의 마음을 성결케 하셨다는 사실을 믿은 이래로 나는 끊임없이 앞을 향하여 나갔다. "하늘 높이 향한다는 엄숙한 서원이 나날이 새로워지네"라는 찬송을 기억한다. 나도 그 찬송시처럼 해가 갈수록 나의 헌신을 새롭게 하였으며 믿음으로 그 약속을 늘 내 것으로 삼았다. 내가 성경과 찬송가에서 성결에 관한 메시지를 들은 내용과 내가 직접 경험한 것 사이에 상충되지 않고 조화를 이루고 있음을 나는 알았다. 그 성경 말씀 중에는 "이와 같이 너희도 명령받은 것을 다 행한 후에 이르기를 우리는 무익한 종이라. 우리의 하여야 할 일을 한 것 뿐이라 할지니라"는 예수님의 말씀도 있다 (눅 17:10). 이 글을 쓰는 지금 이 순간에도 내가 그 복을 누리고 있다는 사실로 인하여 기뻐한다. 나는 지금까지 60년 이상을 살았다. 그러므로 내가 앞으로 살 날은 그리 많지 않은 것 같으나 이러한 믿음, 이러한 훈련, 이러한 자유를 가지고 그 날까지 살기를 바란다. 로버트 브라우닝이 쓴 시에서 표현된 정신을 가지고 나는 앞으로 계속 전진할 것이다:

> 높은 목표를 가지고 실패하는 것이
>   낮은 목표 안에서 저속하게 성공하는 것보다 훨씬 좋네.
> 하나님이 마땅히 감사함을 받아야 할만큼
>   나는 그렇게 하지 못하였네.

마지막 초청

이제 이 책을 끝마치기 전에 한 가지 남은 일이 있다면 그것은 초청하는 일이다. 나는 더 이상 할 말이 필요 없다고 믿는다. 예수님은 사시고, 죽으시고 부활하심으로 획득하신 완전 성결을 당신에게 주시고자 한다. 당신은 그것을 지금 받겠는가? 우리는 두 가지 중 하나 혹은 모두를 통하여 그 상급을 잃어버릴 수 있다. 우선은 믿음의 결여이다: "저로 보건대 저희가 믿지 아니하므로 능히 들어가지 못한 것이라"(히 3:19). 우리는 다음과 같이 기도할 필요가 있다:

> 산 믿음을 고무하라,
> 누구든지 받을 수 있는,
> 자기 안에 있는 증거를,
> 의식하며 믿어라:
> 모든 것을 정복하는 믿음,
> 산을 움직이게 하노라,
> 예수님을 부르는 사람을,
> 구원하며 사랑 안에서 완전케 하노라.

다음으로 결여되어 있는 것은 헌신이다. 마음에는 세속성과 이기심이 있다. '예수님과 그 안에 있는 모든 것이 나의 것'이라고 말할 수 있기 전에 먼저 우리가 마땅히 버려야 할 것이 있다. 우리는 다음과 같이 기도해야 할 것이다:

> 해 아래 무엇이 있겠는가
> 주님이 차지할 마음 빼앗아 갈?
> 아, 그것을 없애버려라,
> 주께서만 지배하시도록,

모든 행동에 주님이 계시도록!

"그러므로 형제들아 우리가 예수의 피를 힘입어 성소에 들어갈 담력을 얻었나니, 그 길은 우리를 위하여 휘장 가운데로 열어 놓으신 새롭고 산 길이요"라고 성경은 말한다(히 10:19). 그러므로 우리는 지금 담대하게 그 길로 들어가자. "성령과 신부가 말씀하시기를, 오라 하시는 도다. 듣는 자도 오라 할 것이요, 목마른 자도 올 것이요, 또 원하는 자는 값없이 생명수를 받으라 하시더라"(계 22:17).

기독교회 전부가 다음의 기도와 간구를 할 수 있으면!:

당신의 새 창조를 완수하소서,
　흠 없고 점 없는 우리 되게 하소서;
당신의 위대한 구원을 보게 하소서,
　당신 안에서 완전하게 새롭게 하소서;
영광에서 영광으로 변화되게 하소서,
　하늘에서 우리가 자리를 차지할 때까지,
우리가 면류관을 당신 앞에 바칠 때까지,
　놀람과, 사랑과 찬송 중에 우리가 잃어버려질 때까지.

『도서출판 세복』의 발간 도서

나는 어떻게 예수님을 만났는가?

홍성철 편집 / 신국판 / 328쪽 / 7,000원

각계 각층에서 그리스도의 향기를 진하게 풍기고 있는 21명의 신앙 고백을 담은 책으로, 예수님을 만나 어떻게 갈등과 어려움을 극복하고 진정한 신앙에 이르렀는지 고백한다. 또한 각자의 분야에서 어떻게 살아가고 있는지를 말해 준다. 우리는 이 책을 통하여 인생의 의미를 다시 한 번 깊이 조명해 보는 계기가 될 것이다.

회심 거듭남의 원리와 적용

홍성철 편집 / 신국판 / 224쪽 / 6,000원

기독교에서 가장 핵심적 교리인 "회심"의 문제점을 세 측면 곧 1)신학적, 2)경험적, 3)적용적으로 다루었다. 특히 이 분야의 권위자들이 다룬 총 9편의 글은 "회심"에 관심이 있는 기독인에게 새롭고도 깊은 안목을 제시할 것이다.

타문화권 복음 전달의 원리와 적용

존 T. 시먼즈 지음 / 홍성철 옮김 / 신국판 / 352쪽 / 7,000원

인도와 애스베리신학교에서 오랫동안 선교 사역과 교수를 역임한 존 T. 시먼즈 박사의 명저이다. 이 책은 복음과 타종교와의 관계를 다루면서도 복음 전달의 원리와 방법을 깊게 다루어 복음 전달의 이론적 길잡이가 될 것이다.

복음주의 실천신학개론

복음주의 실천신학회 편 / 신국판(양장본) / 430쪽 / 13,000원

한국복음주의신학회 산하 실천신학 분과 학회에서는 국내에 복음주의 입장에서 발간된 실천신학 개론서가 필요함을 인식하고, 학회 산하 대학교의 실천신학 전공 분야에 11명의 필자를 선정하여 복음주의 신학에 기초한 개론서를 출판하게 되었다. 이 책은 한국 교회의 목회자와 기독인들에게 신학의 복음주의적인 안목을 갖게 함으로 목회 현장을 더욱 풍요롭게 하는 지침서가 될 것이다.

고난 중에도 기뻐하라 (빌립보서 강해 설교)

홍성철 지음 / 신국판 / 506쪽 / 10,000원

감옥이라는 어두운 정황 속에서 밝은 기쁨을 만끽한 바울 사도는 고난 중에도 기뻐할 수 있는 비결을 빌립보서에서 명쾌하게 제시하고 있다. 서울신학대학교 실천신학 교수인 홍성철 박사가 성경적으로 파헤치고 목회적으로 제시한 41편의 설교는 강해 설교의 또 다른 이정표(里程標)가 될 것이다.

6. 공격적인 기독교

캐더린 부스 지음 / 염동팔 옮김

독자는 구세군의 공동 창시자인 캐더린 부스의 그리스도에 대한 헌신과 그리스도의 복음을 다른 사람들에게 전하고자 하는 열정을 읽으며 감동을 받을 것이다.

7. 구령자를 위한 권면

호레시우스 보너 지음 / 최석원 옮김

호레시우스 보너는 독자에게 답답한 무기력을 떠나서 하나님의 능력을 드러내는 활력 있는 삶으로 돌아오고 사역을 부흥시키라고 호소한다.

8. 불타는 사랑

블레즈 빠스칼 지음 / 곽춘희 옮김

독자는 세계적으로 갈채를 받은 과학자, 발명가, 심리학자, 철학자, 기독교 변증가인 블레즈 빠스칼의 글을 통하여 영감을 얻으며, 더욱 더 헌신하게 될 것이다.

9. 행동하는 믿음

조지 뮬러 지음 / 송철웅 옮김

믿음과 응답된 기도로 특징지어진 조지 뮬러의 삶은 독자를 도전하며 격려할 것이다.

10. 하늘가는 마부

존 번연 지음 / 문정일 옮김

독자는 천국을 향하여 가는 순례자로서 존 번연의 글을 통하여 독자의 순례의 길을 바로 정할 수 있을 것이며, 영원토록 변치 않는 구원의 복음을 깊이 생각하게 될 것이다.

11. 성도다운 학자의 결단

조나단 에드워즈 지음 / 홍순우 옮김

독자는 미국의 지성과 신앙을 형성한 위대한 신앙인 조나단 에드워즈를 음미하면서 영적으로 감동을 받으며, 더 깊은 경건 생활을 하게 될 것이다.

12. 설교자와 기도

E. M. 바운즈 지음 / 이혜숙 옮김

독자는 E. M. 바운즈의 높은 기도관을 읽으면서, 그리고 기도로 하나님으로부터 능력을 얻어야 한다는 간청을 들으면서, 기도 생활의 변화를 경험하게 될 것이다.

『도서출판 세복』은 빌리 그래험 센터에서 출판한 기독교 고전 시리즈(전 16권)를 번역하여 출판하게 되었는데, 이 고전이 주는 영적 가르침은 시간을 초월하여 모든 독자에게 참된 경건과 거룩을 알려줄 것이다. 이 고전은 경건한 성자들의 글을 축소한 소책자로 그들의 삶과 사역은 우리로 하여금 예수 그리스도와 더 깊이 동행하게 도와 주며, 그 결과 복음을 꼭 필요로 하는 이 세상에 그리스도를 전하도록 도전할 것이다.

기독교 고전 시리즈 (1-16권, 권당 1,500원)

1. 왜 하나님은 무디를 사용하셨는가

R. A. 토레이 지음 / 홍성철 옮김

독자는 세계에서 가장 저명한 전도자 중 한 사람인 드와이트 무디의 생애를 통하여 감동을 받아 마음이 뜨거워질 것이다.

2. 보다 깊은 삶

로버트 머레이 맥체인 지음 / 구교환 옮김

독자는 로버트 머레이 맥체인의 그리스도를 높이는 생활, 편지 및 사역에 대하여 읽으면서 강권하시는 그리스도의 사랑에 감동받을 것이며, 하나님을 더욱 사랑하게 될 것이다.

3. 하나님의 임재를 연습하라

로렌스 형제 지음 / 이소연 옮김

독자는 로렌스 형제가 하나님 앞에서 소박하게, 겸손하게, 믿음으로 그리고 사랑으로 행한 것처럼 행하는 비결을 배우며, 하나님의 임재의 기쁨을 경험하게 될 것이다.

4. 성결

J. C. 라일 지음 / 서대인 옮김

100여 년 전에 저술된 이 저서를 통하여 라일 감독은 우리를 둘러싸고 있는 세상에서 성별된 삶을 영위하라는 타당한 요구를 오늘도 우리에게 하며, 독자는 성결한 삶을 추구하게 될 것이다.

5. 예수님을 위하여 선하게 증거하자

존 왓슨 지음 / 이대규 옮김

담겨져 있는 감동적인 스코틀랜드의 이야기들은 독자의 사역을 그리스도와 그분의 구속적 은총에 초점을 맞추게 하며, 독자로 하여금 복음의 핵심을 선포하게 할 것이다.

잃어버린 퍼스날리티를 찾아서

최병전 지음 / 신국판 / 206쪽 / 5,000원

우리의 구원은 완성되었지만 인격은 아직 미완성이다. 구원은 받았지만 인격의 상처는 당신과 가정을 무너뜨리고, 교회에 문제를 일으키며, 또 사회를 황폐하게 한다. 이 저서는 이러한 문제를 진단하고 또 성경적으로 해결의 실마리를 제시하는 저서이다.

상처난 아버지와의 관계 회복

제임스 L. 쉘러 지음 / 이기승 옮김 / 신국판 / 272쪽 / 7,000원

아버지의 권위가 상실되어 가는 이 시대에, 이 책을 통해 당신은 당신의 인생에 있어서 풀리지 않는 아버지와의 문제들이 무엇인지 제대로 알고 그것들을 어떻게 다루어야 할지 배우게 될 것이다. 무엇보다도 당신의 내면 가장 깊은 곳의 정신적 필요를 채워 주시겠다고 약속하신 하나님 아버지를 깊이 만나게 될 것이다.

영혼을 돌보는 목자

캐롤 와이즈, 존 힝클 지음 / 이기승 옮김 / 신국판 / 248쪽 / 6,500원

방향 감각을 잃고 영적으로 허우적거리는, 그러나 어마어마한 잠재력을 가지고 있는 영혼들을 돌보고 성숙시키는 일만큼 귀한 사역은 없을 것이다. 이 저서는 이런 사역을 감당하고자 하는 목사, 전도사, 평신도 지도자, 구역장 등에게 그 내용과 방법을 제시한 알찬 길잡이 노릇을 할 것이다.

현대인을 위한 존 웨슬리의 메시지

스티븐 하퍼 지음 / 김석천 옮김 / 신국판 / 168쪽 / 5,000원

부정과 부패로 곪을 대로 곪은 18세기의 영국을 변화시킨 존 웨슬리의 가르침은, 미국의 석학이자 영성의 대가인 스티븐 하퍼의 재해석을 통하여, 무기력과 어두움이 짙게 깔려 있는 현대의 한국 기독인들에게 다시 한 번 빛과 방향을 제시할 귀중한 저서이다.

수잔나 존 웨슬리의 어머니

아놀드 댈리모어 지음 / 김석천 옮김 / 신국판 / 230쪽 / 6,000원

존과 찰스 웨슬리는 어머니 수잔나의 실천적 경건의 모범, 자녀 교육과 양육의 영향을 받았다. 이 책은 고난과 어려움을 인내와 신앙으로 이겨냈던 한 여성에 관한 이야기이며, 지성적이고 영적인 풍성한 유산을 자녀들에게 물려 준 한 어머니에 관한 이야기이다.

우리에게 일용할 양식을 주소서 (주기도문 강해 설교)

홍성철 지음 / 신국판 / 228쪽 / 6,000원

IMF라는 어려운 상황에서 주기도문에 나타난 "하나님의 영광"과 "우리의 필요"를 깊이 조명함으로, 신앙의 성경적 회복과 위기 관리의 원리를 독자는 터득하고 적용하게 될 것이다. 서울신학대학교 교수인 홍성철 박사가 열린교회에서 설교한 17편의 설교는 본문과 상황의 적절한 조화를 보여줄 것이다.

성령 안에서 설교하라

데니스 F. 킨로 지음 / 홍성철 옮김 / 신국판 / 176쪽 / 4,500원

브랜다이스대학교에서 구약학(Ph.D.)을 전공하고 애스베리신학교에서 교수와 총장을 역임한 데니스 킨로 박사는 방법과 기교를 강조하는 현대 설교에서 성령의 임재를 다시 회복할 수 있는 설교의 원리와 방법을 분명하게 제시한다.

성령과 동행하라

스티븐 하퍼 지음 / 홍성철 옮김 / 신국판 / 224쪽 / 5,500원

기독교 영성의 대가인 스티븐 하퍼 박사는 기독교 영성이 무엇이며 또 어떻게 그 영성을 체험하고 유지할 수 있는지에 대하여 단계적으로 그리고 알기 쉽게 알려 주고 있다. 이 저서는 깊은 영성에 관심을 가진 기독인들에게 좋은 길잡이가 될 것이다.

성령의 충만을 받으라

존 T. 시먼즈 지음 / 홍성철 옮김 / 신국판 / 152쪽 / 4,000원

성령의 충만과 능력을 갈구하는 모든 기독인에게 그 방법을 단계적으로 제시한 명저이다. 성경에 근거하면서도 신학적으로 그리고 경험적으로 잘 정립하여 읽기 쉽고 알기 쉽게 기록된 이 저술은 성령 충만을 체험하며 또 그 체험을 다른 기독인에게 제시하기를 원하는 모든 기독인의 필독서이다.

위대한 그리스도인들은 어떻게 성령의 충만을 받았는가

제임스 로슨 지음 / 홍성철 옮김 / 신국판 / 298쪽 / 7,000원

역사상 위대한 그리스도인들은 성령의 충만을 받았다는 하나의 공통점이 있다. 여기에 하나님의 장중에 사로잡혀 위대하게 살았던 20명의 감동적인 체험담이 있다. 이 책은 "성령으로 충만된" 사람들의 개인 회고담이며, 동시에 그런 경험으로 어떻게 그들의 삶과 사역이 부요하게 되었는지를 생생하게 보여 준다.

성결의 아름다움

베인즈 에트킨슨 지음 / 홍성국 옮김 / 신국판 / 184쪽 / 5,000원

이 책을 접하는 독자들은 성결이라는 성경적 진리의 핵심에 직면하게 될 것이다. 그리고 마음의 감동과 함께 성결에 대하여 깊이 생각하기 시작할 것이다. 마침내 각자를 향해 성결해야 한다는 하나님의 부르심과 믿음으로 지금 그것이 자신의 체험이 될 수 있다는 놀라운 약속과 접하게 될 것이다.

13. 성도의 영원한 안식

리차드 백스터 지음 / 이기승 옮김

하늘에 시민권을 둔 독자는 지상에서는 나그네이지만, 리차드 백스터의 책을 통해 현재의 삶 속에서 천국의 삶을 영위하지 못한 것을 책망받으며 새로운 변화를 향한 도전을 받을 것이다.

14. 부흥의 법칙

제임스 번스 지음 / 문정선 옮김

부흥의 필요성과 긴박성이 무르익은 오늘에 제임스 번스는 하나님의 부흥의 법칙들을 예리하게 제시하며, 독자도 지금 부흥을 체험하기를 갈망하도록 도전한다.

15. 성경적 구원의 길

존 웨슬리 지음 / 박홍운 옮김

영국과 미국의 많은 영혼을 주님께로 돌아오게 한 존 웨슬리의 설교들을 통해 독자는 회개, 믿음 및 성결을 명확히 깨닫고, 믿는 자에게 구원을 주시는 복음의 능력을 전할 수 있을 것이다.

16. 친구여 들어보지 않겠소?

찰스 스펄전 지음 / 홍성철 옮김

독자가 기독교에 저항적이며 믿기를 주저하는 사람들에게 복음을 전할 때, 어떠한 상황에서도 그리스도만을 의지하여 복음을 전하라고 찰스 스펄전은 도전한다.